ヨベル新書
084

キリスト教思想史の諸時代 Ⅶ

——現代思

対決

金子晴勇［著］

YOBEL,Inc.

装丁　ロゴスデザイン：長尾優

はじめに

今日ヨーロッパの国々を訪れる人々の心に触れて一般に強く感じられるのは、キリスト教の姿が著しく後退し、その力が衰微していることではなかろうか。もちろん一見すると歴史的建築物として教会は残っているし、そこでの宗教行事は厳かに営まれている。それでも若者たちの姿がそこにはほとんど見当たらず、老人の姿だけが目に映る。こういう光景を目にすると、誰でもどうしてこうなったのかと考えざるを得ないであろう。

これまでわたしたちが**キリスト教思想史**から学んできたように、ヨーロッパ文化はそれを全体としてみるならば、キリスト教とギリシア文化との総合として出発し、それらを総合してきた主体は**ゲルマン民族**であった。この総合の試みは古代末期にはじまり、中世を通して次第に実現していった。近代に入っても初期段階の宗教改革と対抗改革の時代では、キリスト教信仰は世俗社会にいっそう深く浸透していった。この世俗に積極的に関わる態度は、実は信仰の所産なのであった。

ところがこの信仰がもたらした世俗にかかわる積極的な行為であった「**世俗化**」は、いつしか俗物根性に染まった「世俗主義」に転落し、世俗化そのものの特質を全く変質させてしまった。ここから今日ヨーロッパ社会にみられるキリスト教に対する肯定と否定との反対感情が併存するという事態が起こってきたのである。このことを一般のヨーロッパ人が営んでいる社会生活を検討することによってまず明らかにしてみたい。

ヨーロッパの近代は16世紀から始まるとみなされていた。この世紀の最初の時期に起こった宗教改革と近代思想の関係について前巻で詳しく考察された。そこには近代精神史の上できわめて重要な意義をもつ経過が見られた。わたしたちが近代の歩みを辿ってきて初めて明瞭となったのは、その時代に芽生えてきた自我の自覚が**合理主義**と**個人主義**を生みだし、それが生み出した強烈な主体性によって**啓蒙主義**の道を開拓したことであった。ところがそこから起こってきた注目すべき事態は人々がやがて宗教そのものからの自由をも要求し、それを実現したことであった。

このことは同時にキリスト教の力の衰退を確かに引き起こし、人間中心の思想を生みだし、やがて最高価値である神をも否定することによって現代の無神論とニヒリズムを招来してしまった。わたしたちはこのような時点に達したとき、初めて近代的人間像のなかに内在していたきわめて重大な問題点に気づくようになった。

現代の無神論とニヒリズムは、その優れた代表者サルトル（Jean-Paul Charles Aymard Sartre, 1905 - 1980）の思想によって典型的に示されているように、「神の死」を宣言し、人間が神から全く自由であり、自分の力でもって自己を創造することができると宣言するようになった。しかし、同じことを主張したドストエフスキー（Fyodor Mikhailovich Dostoyevsky, 1821 - 1881）のニヒリズムこそ、現代のヒューマニズムの仮面を剥奪するものとして注目すべきであろう。彼は「もし神がいないなら、何をしてもかまわない」といった自由の追求がいかなる破滅をもたらすものであるかを暴露した。彼によると、こういうことが起こる根源は、ほかでもない人間の本性が悪質なものであることにあり、それは幼児虐待に典型的に示されている。だから教養ある人でも一皮剥げば、狼にも等しくその性質が残虐で卑劣であることが分かる。ここから彼は現代人の唯一の思想ともいえるヒューマニズムがいかに無力であるかを告発する。

無神論とニヒリズムの時代

近代ヨーロッパに起こったキリスト教信仰の蔑視と世俗化の波は、キリスト教信仰とその霊性の理解にも破壊的作用を及ぼし、無神論とニヒリズムを引き起こした。それでも人々の心に残存する霊性の働きを抹殺することはできなかった。この有様を事例を挙げて説明してみたい。

それは先に指摘したドストエフスキーの思想をニヒリズムの観点から再考してみれば、自ずと明らかとなる。現代はニヒリズムが蔓延した世紀であるといわれる。一般的にいって、ニヒリズムは最高価値の喪失と定義され、ヨーロッパではキリスト教的価値体系の頂点に立っていた神の喪失、一言でいえば、「神の死」を意味する。神は積極的に否定され、これまで生活上の最高価値と認められていた存在である神が無意味になったことをいう。それゆえ今日ヨーロッパに蔓延した無神論とニヒリスティックな生活感情とは、永いあいだの時代の蓄積から必然的に生じてきた事態であって、それは「世紀の病」といえよう。こういう時代的特徴を現代のニヒリストの姿として如実に描いた作家でドストエフスキーに優る人はいないように思われる。

たとえば『悪霊』のスタヴローギンや『カラマーゾフの兄弟』のイワンといった人物像のなかにニヒリストの真髄がみごとに描き出されていた。彼が描いたニヒリストの特質はどこに求められるであろうか。ニヒリストは最高価値たる神の存在を認めないがゆえに、道徳的判断の基準を相対化し、それによってこれまで守られてきた善悪の区別が曖昧となる。そこでニヒリストは一般の道徳的感情を踏み越えて、たとえ人生に絶望しても、なお燃えるような激しい生の衝動にかられる。だからイワンは知性が暗くなり、自分の生き方が説明できなくとも、自分が生きている感動に酔いしれることのみを追求する。スタヴローギンの方は情欲の世界に陶酔することを求めて、卑劣の限りを尽くしても生き続けようとする。この人物は能力もあり、心も優しく、美貌の持ち主である。彼のまわりには女性たちが群がり集まるが、すべてその欲望の犠牲にされてしまう。だが欲望は飽くことがない**悪無限**である（ヘーゲル）。ただいっそう激烈で刺激的な欲望のみが人を駆りたてると、人はいっそう重大な犯罪へと向かわざるをえない。彼らはニヒリストであるから善悪を区別する道徳意識を喪失している。なぜなら神を否定する者は、自己を絶対視し、神の位置に自己を据えるからである。このように自己を神とする者は、これまでの人間を導いていた道徳を超えており、何をなしてもかまわないと断言して、その身に破滅を引き起こす。

近・現代人はこのようにその主体性のゆえに自分以外のものに信頼を寄せ、他者に寄りすがって生きるような拠り所をもっていない。そのため他者を全く無視して自分の欲望の快感をどこまでも追求し、自己陶酔感にのみ生きる道を求めざるをえない。このような近代人の姿をドストエフスキーはスタヴローギンやイワンという実像をもって描いた。

わたしたちはここに現代人に乗り移った**悪魔（デーモン）**の力を理解することができる。それはもはや人間を超えた存在でも、歴史的な存在でもなく、他ならない自己自身である。自己自身が悪しき力となって自己に攻撃を仕掛けてくる。ここには近代的人間の究極的な形姿がその運命ととも露呈されてきている。わたしたちが、他者や世界また絶対者なる神との親しい関係を断ち切って、このように自己にのみ閉じ込もり、排他的に自己を肯定することこそ、現代における諸悪の根源となった。

ここで昔のことを振り返ってみると、古代ギリシアの人たちは仲間同志の共属感（互いに同じ集団に所属すること。）を頼りとしており、共同体（民族や国家）と生命的に一体となってのみ個人の生命を維持しうると考えた。そして共同体のみならず自然と宇宙も生活を保護する快適な世界住居を提供すると信じていた。たとえばソクラテスにしても、ソフィストのように自我を押し通そうと欲するならば、国外に逃亡して、アテナイの法律に拘束される必要はなかったであろう。ところが彼は、どんなに悪法であっても、その法を制定した国家社会なしには個人は生きられないと考えた。なお、ヨーロッパの中世に入ると、キリスト教の影響によって国家権力よりも神の意志に優位がおかれ、国家の法もコスモス（宇宙）も非神聖視されるようになり、神の人格的意志が人間の心の奥底を支配し、罪深い欲望も神の愛へと改造されるのを求めるようになった。

ところでキリスト教的な神との人格的関係、つまり信仰による神への依存関係を近代人がその自我の強力な意識の下に拒絶し、自律した個人に徹するとき、かつて古代人が経験したコスモスや共同体の崩壊に見舞われた。したがってコペルニクス以来、宇宙は人間の有限な生活空間ではなくなり、無限に開かれていった。だがパスカルが「この無限の空間の永遠の沈黙はわたしをおそれしめる」と語ったように、人間は宇宙の無限空間のなかで未曾有の孤独に陥ってしまった。同様に旧来の親しまれていた国家共同体も、フランス革命に端的に見られるように、徹底的に解体されてしまった。こうして近・現代人はその排他的自己肯定のゆえに「**神は死んだ**」という無神論へと転落せざるを得なくなってしまった。近代人は古代や中世の人たちが庇護を得ていた拠り所と支えのすべてを取り除いてしまい、赤裸々な自我のほかには何ものも認めなくなった。この自己のみを拠り所として立つ排他的な自律こそ近代人の運命を破滅に向かって引き寄せる元凶なのである。

デーモンとの闘争――わたしのアウシュビッツ体験

わたしはこれまで人間学的な視点から人間の心の深部に宿っている「霊」とその作用である「霊性」について研究を続けてきた。人間が心のなかにもっている機能として理性や感性と一緒に、精神、もしくは霊性の働きが考えられてきた。精神は人間の行動一般を導く作用として考えられてきた。同じ精神は宗教心を意味するときには霊性と言われる。それゆえわたしはこれまで霊性を信仰心として人間学的に考察してきた。なかでも**霊性・理性・感性**からなる人間学的な区分法にしたがって霊性の特質をヨーロッパ思想史から研究してきたが、この霊性は理性と結びついて豊かな**霊性思想**を生み出してきたことが判明した。

この霊および霊性には自己を超えた超越的な力が働きかけており、その影響を受けて霊性が発動するようになる。この外力はヨーロッパ精神史では悪魔的な勢力をもって臨んでいることもあるが、恵み深い神の力として現れる場合が見られる。したがってこの外力を受けて発動する霊性は、神と悪魔とのデーモン的な闘争の場となることもしばしば起こる。こういうデーモン的な力との邂逅《かいこう》は人間を破壊することにもなるし、神の力によって霊の再生をもたらすこともある。

そこでこの点についてわたし自身がその若き日に経験したことをここで語ってみよう。人生の経験を少しずつ積み重ねていくと、わたしたちの生涯がいかにデーモン的な激情に支配されているかが分かってくる。青年時代には心は純粋ではあるが、経験が浅く狭いので、未知なる世界に脅威を感じたり、敵意をいだいたりすることもある。また壮年時代は権力的な意志によって世界を征服しようと妄想するし、老年になると貪欲になって世界をあくまで享受しようとする。そのようなときに激情的なデーモンの支配がわたしたちに乗り移ると、その力は個人を破滅させるだけでなく、周囲の社会と世代全体とに魔の手が及ぶことが起こってくる。

一つの例としてドイツ的激情の現れとしてわたしがアウシュビッツで経験したことを語ってみたい。多くのことがアウシュビッツ強制収容所についてすでに語られた。だがわたしがここで語りたいのは、この未曾有の出来事を他ならぬドイツ人が、しかも知的な大学生が当時いかに感じとり、何をわたしに語ったかということなのである。

1965年の春、わたしは学寮のドイツ人の友人たちと、外国人ではただ一人であったが、ポーランドのワルシャワ大学を訪問する研修旅行に加わり、チェコを越え、ポーランドに渡った。その帰路アウシュビッツ強制収容所を訪問した。そこはポーランドとドイツとの国境近くにあり、今は記念館として昔の残酷な歴史の跡を残していた。記念館を見学してからわたしたちはアウシュビッツについて語り合った。

ある学生は「ドイツ人ってどんなに悪い奴だか驚かれたでしょう」とわたしに言った。別の学生は「実はわたしたちドイツ人のほとんどは全くこのようなことが行なわれているのを知らなかったのだ。なにしろここはポーランドなのだから」と弁解した。だが、わたしの親しかった友人は「ドイツ人だけが悪いのではないのだ。ソ連兵だってベルリンでやったではないか」と居直って激しく反論した。

わたしはこの三人の学生が語った言葉のなかにドイツ人の心がよく表れていると思った。彼らはアウシュビッツという現実を悪として認めながら、知らなかったのだから罪ではないと弁解していたが、誰だって戦争ともなればこのような野蛮な行為をするものである、と居直って激しく論じた。わたしはこの最後の点にドイツ人の激情の恐ろしさを感じて戦慄した。

アウシュビッツは今なおドイツ人の心のなかにあるし、わたしたちのなかにもある。「世界史における偉大な出来事は情熱なしには生じたことはない」とヘーゲルはかつて語ったが、情熱が激情となり、やがて野蛮な過激な行動とならない保証はどこにもない。「大胆に罪を犯し、大胆に悔い改める」というのがルター的な信仰であり、ドイツ的生き方であろう。だが、そのような生き方はドイツ人の生活の中に浸透しており、極めて危険な状態をたえず引き起こしているのも日常的にも見かける事実である。その根底に流れているのはデーモン的な激情の生命である。理性はこの生命をコントロールし、調和にもたらそうと絶えず要請されるが、激情のため「情婦なる理性」（ルター）となってしまう。

それなのにドイツ人が真に偉大なのはこの内なる**デーモンとの闘争**を真剣に追求することに現れている。デーモンとの闘争は自己の激情との戦いである。激情を単に否定するストア的倫理ではなく、これを正しく導くことが必要である。イエスの周囲に生じたように激しく天国を奪い取り、宝を天に積むのであれば、熱情も有意義である。だからその昔プラトンが激情的な愛エロースを「知恵への愛」である哲学へと昇華させたように、激情的なデーモンを転換させ、霊性によって神の愛を受容し、わたしたちも他者に対する思いやりと奉仕また愛の協働へと切りかえる道をたえず考えていきたいものである（立教大学「チャペル・ニュース」1973年4月号の「デーモンとの闘争」を参照）。

このような体験を踏まえて本書ではキリスト教思想史における現代思想との対決の姿を次のような順序で考察してみたい。

(1) 現代ヨーロッパの思想は宗教改革的な信仰の高みから転落したものとして理解される。価値の高いものだけが世俗化という現象を引き起こす。だが、世俗化はルターの信仰では職業活動を通して愛を実現させる運動であったのに、これが変質して世俗主義に転落した。この現象は宗教的な象徴を消滅させ、さらに大衆化現象として起こってくる（第1章）。

(2) このときヨーロッパ思想史はヘーゲル哲学を解体させる現象としてその姿をあらわしてくる。これが解体の時代の特質である。そこにはフォイエルバッハによる人間学への解体、マルクスによる社会学的還元、キルケゴールの実存的還元が起こってくる（第2章）。

(3) 第1次大戦後ドイツはワイマール文化の時代を迎える。そこで起こってくる現代思想の特徴が考察される（第3章）。

(4) この時代に起こってくる大衆化現象が①ヨーロッパ文学の潮流から、②無形の大衆の出現から、さらに③疑似宗教としての科学信仰から解明される（第4章）。

(5) さらにキルケゴールの実存哲学の意味が彼が戦った水平化現象から起こり、彼のキリスト教思想の世俗化から現代の実存哲学が興ってきたことを考察する（第5―6章）。

(6) キルケゴールの戦いを受け継ぐものとして現代のキリスト教神学の展開をカール・バルトを中心にして紹介する（第7章）。

(7) ヒトラーのファッシズムとの対決をボンヘッファーとヴェイユから「闘争する霊性」として考察する（第8章）。

(8) 終わりにヨーロッパのニヒリズムの実体を解明し、ドストエフスキーによってその克服の可能性を探究した。また最初に指摘した世俗化現象を再度採りあげ、その実体を宗教社会学者マックス・ヴェーバーの研究を参照して解明し、そこで指摘された世俗化された人間像を『影をなくした男』から具体的に示し、今日ヨーロッパ社会とその影響を受けた我が国をも風靡しているニヒリズムの問題を解明した（第9―10章）。

キリスト教思想史の諸時代

VII　現代思想との対決

目次

1　世俗化とは何か

わたしたちは、ヨーロッパの近代と現代の思想が社会生活にどのように定着しているかを考察してみたい。これまで考察してきたように全体としてみるならば、**ヨーロッパの思想史**はキリスト教とギリシア文化との総合として生まれてきた。しかし、この総合は絶えず統合と分離とを繰り返してきた。そのためこの総合にはさまざまに姿を変えた対立が伴われている。近代に入るとキリスト教信仰は世俗社会に深く浸透していった。この世俗に積極的に関わる態度は信仰の所産であった。ところがすでにこれまで解明したように、信仰が生んだ「**世俗化**」はいつしか俗物根性丸出しの「**世俗主義**」に転落し、変質していった。そこで現代社会ではキリスト教に対する反感が著しく表明されるようになった。ここからヨーロッパ社会にみられるキリスト教に対する肯定と否定との反対感情が併存するという事態が起こってきた。このような変化の姿をわたしたちは先ずは社会生活を検討することによって明らかにしたい。

世俗化とはどういう現象か

世俗化とは元来神聖なものが世俗のために用いられる現象で、たとえば修道院の建物は以前と変わらず、僧房、食堂、礼拝堂の形を残していながら、何らかの政党の事務所として政治的に使用されるような変化をいう。それは宗教が外形的には宗教的構造を保ちながらも非宗教的目的に用いられている現象である。なかでも近代科学、政治革命、職業倫理などはこうした世俗化のプロセスを辿って発展してきたが、わたしたちが考察してきたキリスト教思想史でも同じことが言えよう。

まずわたしたちが知っておかなければならないのは、世俗化がルター自身の信仰によって積極的に推進されたという注目すべき事実である。彼によると人は救われるために超世俗的功績を積む必要はない。つまり修道院に入って善行をなすような必要はなく、世俗のうちに敬虔に生き、与えられた職業を神の召命（つまり天職）とみなし、これに励むことによって神に喜ばれるものとなることができる。したがって世俗化は「キリスト教信仰の合法的結果」にほかならない（ゴーガルテン『近代の宿命と希望』熊沢義宣、雨貝行麿訳「現代キリスト教思想叢書」白水社、1975年参照)。

ところがこの世俗化は歴史の過程において変質し、世俗主義化するようになった。たとえば「自由」が好き勝手な「恣意」に、「個人主義」が「個我主義」(エゴイズム)に、「勤勉」が「搾取」に、キリスト教的勤労の「精神」が「亡霊」に変質していった。こうして「世俗化」は、当初、世俗の中で信仰が活動することをめざし、そこに世俗化の肯定的意味があったが、今やこの世俗が過度に進むようになり、拝金主義や商品の物神化に見られるような「世俗主義化」を引きおこし、変身してしまった。したがって世俗化は元来キリスト教から生まれた子どもであったのに、今や親とは全く異質な鬼子《おにご》にまで変質し、産みの親たるキリスト教に対し公然と反抗するものとなった。

こうして信仰の世俗化はやがて近代人をしてキリスト教信仰そのものから自己を解放することになり、この解放された個人はあくことなき欲望追求のエゴイストとなってしまったことが判明した。このように世俗化が両義的となったのは、その現象のなかに本来の肯定的意義とそこから派生した否定的意義とが同居しているからである。ルターの信仰義認の教えによって世俗内敬虔が生まれ、中世以来築かれてきた「神聖なる世界」は崩壊したが、近代世界を形成した世俗化の肯定的契機は、そこに潜在していたキリスト教嫌いという消極的な契機によって信仰自体を否定するような世俗主義へと変質した。したがって世俗化現象は、近代の歴史を形成した積極的な力であった信仰の生命がやがて枯渇し、死滅するとき、世俗主義に急変するというプロセスを採ることになり、肯定的世俗化が否定的世俗主義という結果を招来することになった。ここに**世俗化の両義性**が認められる。

自律的な文化の形成と宗教的象徴の消滅

では、近代の自律的な文化が形成されてくる根源をわたしたちは何処に求めることができようか。たとえばドイツでは近代初頭に起こった宗教の混乱の政治的な解決の仕方にそれを捉えることができる。つまりルターの宗教改革とその後の混乱を収拾したアウクスブルクの**宗教和議**（1555年）は、「支配者の宗教がその領内に行われる」との原則に基いて、領主が宗派を選ぶことになった。その結果「領邦教会」(Landeskirche) が制度的に定着していき、当時多数の小国に分裂していたドイツでは、宗教が地域によってカトリ

Abschiedt
Der Römischen Königlichen
Maiestat/vnd gemeiner Stende/ auff
dem Reichstag zu Augspurg/ Anno Domini M. D. LV. auffgericht.
Sampt/
Der Röm. Königlicher Maiestat gnad vnd
Gedruckt inn der Churfürstlichen Stadt
Anno Domini M. D. LV.

アウクスブルク
宗教和議、1555年

ックとプロテスタントに分れる結果となった。しかもその決定が領主にまかせられていたため、個人は真の信仰に対して無関心になり、信仰心を世俗的なものに注ぐようになった。たとえば哲学・文学・音楽にほとんど宗教に対するような献身と帰依の感情を抱くようになった。

したがってこの信仰分裂とルター派の領邦教会が信仰を外的な強制によって定めたことが、個々人の信仰の意義を失わせ、近代ドイツ文化からキリスト教的性格が喪失するようになった。このように領邦教会は国教会として新しい信仰を強力に推進しながらも、信仰の強制のゆえにその意に反して個々人の信仰の生命を形骸化させ、人々の関心を世俗の文化領域に追いやることになった。それに反し、カルヴァン派の宗教改革を経験した国々では自由教会によって信仰生活を促進させていった。ルター派の信仰は最初から政治的な要因と結びついていたことによって、世俗からの隠遁性や離脱性を伴っており、内面的であっても政治的活動に対する無関心を生み出してしまった。こうして信仰は政治的決断から退き、各自の内面性を政治的な公共活動よりも上位に置くようになり、人々は文化活動と家庭生活に引きこもるようになった。

近代啓蒙主義が進むなかで信仰の代わりに世俗文化が繁栄した背景には、このようなルター派教会と国家との提携が潜んでおり、ともに宗教の空洞化を促進させた。ここから西ヨーロッパの政治的に、かつ宗教的に順調に発展した国々とは全く相違した傾向がドイツに起こり、学問と哲学に集中する傾向が起こってきた。つまりこのような内的な信仰と外的な教会制度との関係が、ドイツ人をして信仰生活から文化や学問などの世俗の領域での活動に駆りたてるようになった。なぜならこの領域でのみ個人は職業によって市民生活を持続しながら敬虔な信者であることができたからである。

自律的文化の形成　これがドイツに起こったプロテスタンティズムの世俗化の一般傾向であった。そこから「文化」(Kultur) という言葉にこめられた特別な感情が理解できる。ドイツ的な文化は哲学をして実証科学の採用を不可能となし、内面的で幻想的なロマン主義的な色彩を添えることになった。**ドイツ観念論**がその成果である。ここには世俗信仰が歴史における最大の可能性を実現させており、信仰が衰えてゆく時代に、ワイマール文化のように市民的な趣味や読書の文化を発展させ、教養文化を開花させるようになった。

宗教の世俗化はこうした仕方で進み、世俗文化が繁栄することになる。と同時に元来は宗教の精神が充実していた諸々の存在が単なる宗教的な象徴と化してゆき、やがてその意味が不明になってしまう。次にこの点を宗教的・神律的次元の喪失として考察してみよう。

宗教的象徴とその消滅

宗教的象徴は特定の文化の中から採用され、その意義を担っている。それは有限でありながらも永遠的なものを表現する。だがこの有限なものも、象徴であるかぎり、永遠なるものに参与しているため、宗教的象徴は単に何かを象徴するだけでなく、象徴する当のものをも表現する。そこに象徴の優れた意義がある。文化はこの象徴によって表現されているが、近代に入るとその内実が変化し、世俗化して来る。それを先ずは**王権**によって考えてみたい。

「王権」の世俗化と象徴の消滅　どの社会もまわりの世界との関係を円滑にしようと努めざるをえない。そこで社会的な秩序は、通常特権が与えられた人物を神話化する、つまり人間のなかで最高者であると同時に神々の最下位にある国王が、神話化されることによって飾られた。こうして国王は死すべきものたちの領域と不死なるものたちの領域とをつなぐ鎖となった。したがって通常は王権が神聖なものと考えられていたが、民衆は王に対し畏怖の念をもっており、王が神話化されることによって社会はその秩序を維持していた。そして、国王は死すべきものたちの領域と不死なるものたちの領域とをつなぐ鎖となった。例えば、バビロン神話のマルドゥクはバビロン市の守護神にして同時に太陽神であり、近代ではフランス革命以前にはルイ14世が自らを太陽王と呼んでいた。同じく昔の日本でも歴代の天皇（御門《みかど》）は太陽神アマテラスの地位を継承している。さらにヨーロッパ中世社会では司教たちの統治によって神権政治が敷かれ、それによって社会の規律が守られ促進された。ところが近代の政治史は、大部分にわたって、王権の衰退と国家権力の増大の歴史である。16世紀のイギリス史、17世紀のフランス史でも国王は封建勢力を抑えて権力を集中させようと企てた。その際、**王権神授説**はその当時封建的な諸勢力を抑えるための新たな理念であった。当時新たに興ってきた市民階級と協力して君主は無制限の権力を自己に集中させ、絶対主義を確立したが、それは権利の平等や機能的な国家組織を遺産として民主主義に残したのである。

しかし、現実の王たちは暗愚《あんぐ》であり、急進的な革命によって王権は剥奪された。クロムウェル（Oliver Cromwell, 1599 - 1658）が指導したピューリタンたちは、王権神授説を非キリスト教的であるとみなしたし、同様にフランス革命の推進者たちも、自由・博愛・平等という古典的キリスト教的諸概念を世俗的な意味で使用した。

したがって王にも二種類あって古来の伝統的な神聖な王の姿を象徴している者とその反対に

権力欲によって完全に堕落した者とが存在する。ここでは一例としてシェイクスピアの『マクベス』に登場してくる二類型を考えてみよう。この作品を読むと直ちに理解されることであるが、この時代の人々は奇跡を信じたり、魔女の力に頼ったりしていた。こうした人間と超自然との関連は、性格と信仰が全く相違する二人の王によってみごとに物語られる。エリザベス朝時代の観客は劇場で上演されている物語を事実と思っていたが、そこには今日《こんにち》から見ると優れた宗教的な象徴が機能していた。

主人公のマクベスは武勇に優れた猛将であったが、魔女の預言に誘惑され、その妻の野心に唆《そそのか》されて、権力欲の虜《とりこ》となってしまい、ダンカン王を殺害して王位を奪い取った。しかし彼は良心の呵責に耐えられず、恐ろしい想念の世界で荒れ狂って破滅する。ところがこのマクベスとは正反対な類型の王の話が出てくる。それは恵み深いイングランド王のことであり、マクベスの殺害の手を逃れた二人の若者によって次のように物語られた。

マルコム　……王はお出ましか？

侍医　はい。かわいそうなひとびとが、一杯つめかけて、ご治療を待っております。いずれも医術から見はなされた病い、それが御手をふれただけで、たちまち癒えます。どういう聖なる力を天からお授かりあそばしたのか。
マルコム　お邪魔した。（侍医去る）
マクダフ　いったいどういう病気です、あの医者の話は？
マルコム　世にいう「王の病い」というやつだ、奇跡というほかはない。王が病気を治すのだ。イングランドに来て以来、この目で何度も事実を見ている。つまりは天の心を心としておられるわけだが、どうしてそんなことが出来るのか、知るよしもない。わけのわからぬ病いに悩むともがらを、それも体中はれあがり、うみただれて、医者も匙《さじ》を投げた、二目《ふため》と見られぬ重病人をだ、王はただその首に金貨をひとつのせてやり、心をこめて祈られる、それだけで治るのだ。話しによると、このあらたかな能力を、子々孫々にお伝えになるという。なお、この不思議な力のほかにも、王は予言の通力を天から授かっている、つまり、さまざまな神の恵みが玉座をとりまいているわけだが、それこそ、この王が徳に溢れた方である何よりの証拠であろう。
（シェイクスピア『マクベス』福田恆存訳、新潮文庫、92―93頁）

イングランド王の姿は信仰深く恵みに満ち溢れている。それは実に奇跡を行なう模範的な王なのである。この王の姿は二人の若者の口を通して物語られているにすぎないが、それによって返って王たる者の宗教性が端的に示される。このように、どの社会でも社会的な秩序は通例特権を与えられた人物が神話化されることによって保たれた。そして、国王は死すべきものたちの領域と不死なるものたちの領域とをつなぐ鎖であった。

それゆえ中世の歴史においては君主、王、皇帝たちはしばしば「平和の王」というメシア的用語によって歓迎された。ここで明白なことは、「王」という、たとえばヤーウェやそのメシアに適用されている用語が、すべての人間的な王を無限に超越しているあるものの一つの象徴となっていることである。

だから祭政一致は昔の王にふさわしく、病人を治す王の姿は王が国の傷をも癒す使命を帯びていることを象徴する。ところがマクベスはこれとは正反対に我欲の虜となり、ダンカン王を殺害し、人を癒すどころか国を破壊し、混乱に陥れ、絶望の末に自滅する。だからマクベスは神によって召された王ではない。単なる権力欲の権化に過ぎないのである。それに対し王の上に与えられる恵みは、神的な恵みである。

したがって象徴は二つの方向に作用する。一方では政治的領域に神によって授けられた神律的尊厳をあたえ、神の王権を象徴する存在となる。しかし、他方では王が神を排斥する国家の一機能になるとき、王は専制君主となり、やがて追放か自滅に至るのであるが、そうでない場合でも宗教的象徴の力なき傀儡《かいらい》となってしまう。今日でも、なおイギリスや日本で見られるように伝統的象徴として王権が用いられる場合があっても、それはもはや真正なものとしてではなく、力をもたない単なる象徴や比喩にまで下落している。

確かに現実には王たちは愚かであって、急進的な革命によって王権が剥奪されるようになった。その場合、キリスト教的な急進派は、政治的に自己を理解して革命に向かった。先にも述べたように、たとえばクロムウェルが率いたピューリタンは、王権神授説を非キリスト教的であるとみなしたし、同様にフランス革命の推進者たちも、自由・博愛・平等という古典的キリスト教的諸概念を世俗的な意味で使用した。

「自然」と「救済」に含意された象徴の消滅

これまで見てきたような象徴の変化は「王権」ばかりではなく、「自然」や「救済」という言葉でも重要な変化を起こした。

「自然」の観念の変化

古代人は自然をコスモスとして人間を守る神的なものとして崇めていた。中世ではキリスト教の創造説によって自然は非神聖視され、近代に入ると人間は自分を万有の支配者へと高めてくれる技術を駆使して自然を改造し、近代文明世界を造ろうとした。キリスト教の創造説では神が授けた法則が自然のなかに働いていると信じられ、自然のなかに法則が見いだされると考えられた。それはギリシアの哲学者プラトンが二元論の観点から「質料」と「イデア」から説明したように、物質が鋳型に注がれて物《もの》ができるようには考えられていなかった。それゆえギリシア的な物質観から近代科学は誕生したのではなく、キリスト教の自然観から起こってきたといえよう。

したがって産業革命が起こる前までは森羅万象は、神の被造物として、同じく創造された人間も自分をそれに順応させ適合させなければならない所与と考えられた。それゆえ森羅万象である自然はそれ自身で神的被造物であった。だから自然は人がそれを支配し、操縦できるメカニズムとは考えられなかった。したがってキリスト教の自然神学のように少なくとも自然を通して神が探究されていた。そこには超自然的な背景が厳存しており、神によってすべてが存在するという神律的な意味があった。ところが現代では自然は人の手によって変えられ、工業化によって破壊され、それがかつてはもっていた象徴的な意義を消滅させた。

他方、わたしたちにとって「自然」とは「自然本性」を意味する。それはキリスト教以前では人間の魂のうちにある生命の形式と力を指していた。しかし、この意味での自然という語は、キリスト教的用語では、救済を必要とする「自然的人間」を言い表わすことになった。例えば、バビロン神話では原始の神々アプスー（apsû/abzu）とティアマット（tiamat）は塩水と淡水の区別をもつ神々であって、そこから自然的な人間は創られたと物語られた。しかしキリスト教になると創造信仰によってこうした神話的な語り方が撤廃され、「自然」と「超自然的」が対置されるようになった。というのもキリスト教の説く超自然的な愛が人間のうちで活動するためには、魂を支配している諸々の力が克服されなければならなかったからである。だが、人間は誰でも、生まれつきのままの自然本性によってはその隣人を愛することができない。そのためには、どうしても自然本性の救済と新生とが必要であると説かれるようになった。しかし現代になるとこのような超越的な要素は完全に失われてしまった。

「救済」の意味　救済を意味する言葉は salvus, saos, whole, heil をみてもわかるように、すべて「健康」を指示しており、崩壊と瓦解の反対である。それゆえ救済は究極的な意味では「治癒」であって、世界的にも個人的にもそうである。それは医者の働きによる健康の回復を象徴的にあらわす。この医者の象徴性がどうしても必要な場合には先に述べたイングランド王のように奇蹟を行う宗教的な癒しの象徴となった(27頁参照)。ところが世俗化された現代になると状況が変化し、宗教的救済と医学的治癒は分離する。福祉の意識が進んでいたヨーロッパ文化では治癒は元来神的な行為であって、神の救いの表現でもあった。そこでは救済という言葉は宗教的な象徴的意味をもっていたが、現代ではこの象徴が消滅してしまった。それにもかかわらず現在でも治癒は救済力を表す真正な象徴として使用することができる。そこで牧師と医者とくに精神科医のあいだでの協力が至るところで起こってきた。このことは新しい神律への渇望の一つの徴候であるといえよう。同様に「福祉」の観念も元来は教会の貧者に対する活動であって、貧者の救済と病人の世話は宗教的な僧侶の仕事であったが、現代ではこれが政府の仕事となり、世俗化されて公共事業となった。

このことは救済の授与者である「教会」についても妥当する。教会は本来的にはキリストの神秘的な体《からだ》としての共同体であって、教会は厳密に神律的な象徴である。教会は伝統的な「共同社会」でも、近代的な「利益社会」でもなく、本質的には「神の国」をめざす「人格共同体」である。それは一つの精神的中心をもつ有機体的統一として、共同体を意味し、そこでの人間関係は共通の紐帯《ちゅうたい》で結ばれた相互的な教化という性格をもっている。その際、「体」は真正なる象徴であって、その構成員はそれぞれ交換できないような個別性と独自性をもって結ばれている。それゆえ教会という「人格共同体」が血縁的な「共同社会」や利潤を追究する「利益社会」となるとき、その象徴的な力を失って、世俗化される。

さらに世俗化の恐るべき影響力は「人格性」の観念にも及んでいる。近代思想を代表するカント（Immanuel Kant, 1724 - 1804）が人格性を重要視したように、人格性は近代のヒューマニズムがもっとも強調した理念であった。この語はキリスト教ではペルソナに由来し、神の三位一体における「関係」を言い表す「位格」であった。それゆえこの働きによって人間が救済される、神の隠された神性の力を表し、人間を救済しようとする働きがそこにはあって、人間に向かう働きだけを指し示し、神自身は「隠された神」として「神性」という把握できない深みをもっていた。ところが近代のプロテスタンティズムや人文主義が、人間の個人的な意識を重視し、人間の生命的かつ神秘的な神との関係を無視する程度に応じて、神の量り難い神秘な存在が次第に消滅してゆき、神は他の人格とならぶ一人格となってしまった。そこでは不可欠であった神に対する畏敬の念が失われてしまった。このことはカントの人格性の賛歌の中に微かに残存するだけである。彼は言う、「義務にふさわしい起源はなんであるか。……それは人格性、いいかえれば全自然の機制からの自由と独立とにほかならない。……人間はなるほど非神聖ではあるが、しかし彼の人格に存する人間性は彼にとって神聖でなければならない（『実践理性批判』波多野精一・宮本和吉・篠田英雄訳、岩波文庫、225頁）と。

このように近代を代表するカントの思想のなかにも世俗化は進行しており、理性による「自律」がそれ自身神聖視されると、神によって立つ宗教的な「神律」を崩壊させることになり、神はすべての人格性を支え、保持する、超越的な中心であることをやめ、人間と同じような姿である単なる自律的な人格となってしまった。確かに超越的な神が人間の地位にまで貶められて平均化されると、人間の人格性は深い霊的な神律的な次元を喪失し、その自律性もやがて崩壊する世俗化が起こる。

このような世俗化という一大変化が現代に起こってきた。この世俗化による象徴の破壊は真に恐ろしいことであって、その恐ろしい破壊作用は人間自身をも直撃する**大衆化現象**を引きおこすことになった。

大衆化現象における世俗化

次にわたしたちは世俗化現象を大衆化現象として捉えてみたい。大衆の特質は「群衆」に現われており、それは「平均人」もしくは「俗人」に他ならない。この世俗的な大衆の特質は、実に不可解なことに、他者との人格的な関係を無視して自己を主張するところに示される。この点をまず明らかにしてみよう。

(1) モノローグ人間としての大衆

モノローグとは「独白」のことで、それは自己の内に深まる場合と、他人を無視する場合に起こる現象である。ところが近代のヨーロッパに起こったモノローグ現象の特徴は、この両者の場合が連続し、繋がって起こっている点にある。近代の哲学には共通な主観主義的な傾向があって、デカルトからカントを経てドイツ観念論、とくにヘーゲルへと進展する近代哲学の主流は主観的思考の歴史的発展であった。デカルトによって「主観」として立てられた自我は、カントに至ると認識主観として厳密な学問的な論理性を獲得し、ヘーゲルの弁証法によると歴史的な世界にまで発展する。こうして近代主観性の哲学はその頂点に達し、自己の究極の姿を露呈するようになった。これらの哲学者に共通な態度は、主観(観るわたし)を論じなくては客観(観られたもの)の世界は考えられないことであり、そこに一貫した「観るわたし」から始めるという主観主義的でモノローグ(一方通行)的傾向が見られる。

このような近代の自我中心主義(エゴイズム)を最終的帰結へ導いたのがシュティルナー(Max

Stirner, 1806 - 1856) であり、シュティルナーをもう一度つき抜けてふたたび神に帰りゆくのがキルケゴール (Sören Aabye Kierkegaard, 1813 - 1855) であった。したがって近代の主観主義的な自我の究極の姿はシュティルナーの「唯一者」に求めることができる。この「唯一者」はその著作『唯一者とその所有』(岩波文庫) で端的に示された。それはかつて辻《つじ》潤《じゅん》 (1884 - 1944) が『自我経』と訳したように、他者関係を断ち切った孤立に徹した独我論的な帰結を次々に導き出した。たとえばこう言われる。「少年が非精神的な、つまり無思想、非理念的関心をもち、青年がただ精神的な関心をいだくのに対して、成年は生身の個人的・エゴイスト的関心をもつ」と。そうすると近代人は「エゴイスト」、「独在的自我」、つまり「唯一者」となって、神をその王座から追放して、みずからを「世界の所有者・創造者」とみなし、万事を自己享受のために利用するエゴイズムに到達する。彼によると真理の尺度は人間ではなく、この「わたし」にある。この「わたし」が真理であるとすると、世界はわたしのための利用価値の対象にまで低下する。「わたしにとって、もろもろの対象とは、ただわたしが費消する素材であるにすぎない」。この唯一者には当然のことながら他者は不在であってモノローグ人間である。

(2) 暴徒としての大衆

大衆は、元来、民主主義を支える優れた意味をもっていたが、同時に群衆としていつしか暴徒になることが起こる。ここに大衆概念の世俗化がある。そこでは大衆社会が社会の方向を決定するとはいえ、この大衆を指導し、扇動する者も登場する。これがカリスマ的指導者、ときに独裁者であって、彼らエリートの操作と扇動によって大衆運動が社会の方向を決定するような社会が生まれてくる。エリートによる正常の指導がない場合には大衆はいわゆる「暴徒」となる。オルテガ・イ・ガセットの名著『大衆の反逆』はこの「暴徒」としての大衆を論じた著作であるが、この暴徒が独裁者と結びつくとき、大衆が本来担うべき民主主義が破壊され、ファシズム社会となる。これは現代のヨーロッパを不幸のどん底に陥れたもので、今日もっとも重要な問題となった。

この点は後に第４章で詳しく論じられるので、ここでは大衆が世俗化して本来の任務を忘れている点だけを指摘しておきたい。つまり大衆とは「労働大衆」を主に指すのではなく、「平均人」であり、「世俗人」であって非凡なもの、傑出し、個性的で選ばれた者、つまりエリートを席巻し、自分と同じでないものを締めだす。キルケゴールもこの大衆の特徴を「公衆」のなかに捉え、それによって実存を破壊する点を指摘した。またオルテガはこの大衆の魂の構造を自己の内に閉じ籠ってひとりよがりに生きる「慢心しきったお坊ちゃん」という特性として摘出した。それはとりわけ「人の言葉に耳を貸さない」態度に示され、大衆には他者に耳を傾けてもその声が聞こえず、直接行動に訴える人間のタイプとして」捉えられた。この大衆のことをヤスパース（Karl Theodor Jaspers, 1883 - 1969）は「実存を欠いた現存在」と言ったが、これこそ世俗化した人間に他ならない。またハイデガー（Martin Heidegger, 1889 - 1976）は「俗人」の特徴を「おしゃべり・好奇心・曖昧さ」によって捉え、自己喪失とニヒリズムに陥った現代人の姿を的確に捉えたといえよう。

［談話室］　世俗化を問題にしたのはなぜか

わたしが「世俗化」をヨーロッパ思想史の講義で独立した章として加えたのは、『ヨーロッパの思想文化』の第6章からであった。この講義自体が聖学院大学に勤める前年に非常勤講師として「ヨーロッパ文化概論」を担当したときなされたものであった。それまではヨーロッパの思想を各時代ごとに研究を続けてきたが、これを全体として纏めて語ったのは、わたしには初めての経験であった。当時はワープロを使って講義録を記録していたので、フロッピーを何枚も使って半年分の講義を作成し、それをコピーして実際に講義した。その後4年かけてこの講義録を完成させ『ヨーロッパの思想文化』（教文館、1999年）として出版した。

この講義でわたしは現代のキリスト教について次のような質問を受けた。つまり「キリスト教はヨーロッパではこれまで衰退の一途を辿ってきたのに、今日再興できる可能性はあるのか」と。これに対し、わたしは時代によってキリスト教は変化しているが、時代の要請に応えて再興されることは十分に考えられると答えた。そのとき信仰の衰退の歴史を辿って研究してみようと考えるようになった。そして信仰の世俗化の歩みをこの書物では簡潔に述べ、その後大学院の講義で一年間かけて世俗化に関する宗教社会学と歴史家および現代神学の研究を紹介しながら詳細な研究を行うことができた。そのときの講義を纏めたのが『近代人の宿命とキリスト教 —— 世俗化の人間学的考察』（聖学院大学出版会、２００１年）である。

この世俗化（Secularization）のプロセスは17、18世紀に起こった近代啓蒙主義と歩みをともにする。これに対立するのが敬虔主義の運動であって、二つの主義の関連はヨーロッパ諸国で多様な形態をとった。一般には敬虔主義が啓蒙主義の母胎をなしながらも、世俗化が行き過ぎた啓蒙思想の盛期には敬虔主義が啓蒙主義に対決の姿勢を取ってくる。この時代を代表する哲学者カントは敬虔主義の影響を受け、「信仰に余地を与えるために」批判哲学を開始したのに、実際はその批判期になると世俗化の波に襲われ、道徳信仰を説くようになった。彼に続くフィヒテ、シェリング、ヘーゲルは皆それと対決してキリスト教の神学研究から出発し、キリスト教をそれぞれの哲学的な観点から解釈した。これに対しシュライアマッハーは敬虔主義の影響を強く受け、宗教に独自な領域を明確にした。ヨーロッパ近代の人間学はこのように展開した歴史を通して形成された。そこにはヨーロッパ精神史の大きな変化が起こっており、これまでの伝統との断絶が認められる。

わたしは近代の人間学がマックス・シューラーによって確立され、その後、その思想が多くの思想家たちによって批判され、大きな展開を経て今日に至った歴史をも研究するようになった(金子晴勇『現代ヨーロッパの人間学』知泉書館、2010年参照)。

ところで宗教社会学者マックス・ヴェーバーは有名な『プロテスタンティズムの倫理と資本主義の精神』を書き、その前半で職業倫理を採りあげ、後半ではキリスト教倫理が資本主義によって世俗化されるプロセスを考察した。ここから真に多くを学ぶことができた。ヴェーバーのこの著作には学生時代から注目し、時間をかけてそれを理解するように努めてきた。わたしが特に注目したのはその作品の後半に展開する信仰が衰退するプロセスの研究であった。それもまた世俗化の考察でもあった。わたしはどれほど多くをこの作品から学んだか計り知れない。

2　解体の時代

世界史の弁証法的発展を説くようになったヘーゲルは、もはや人間から出発するのではなく、人間は単に世界理性が完全な自己意識とその完成にいたる手段となっているにすぎず、ここに理性の策略があると説いた（第6巻『宗教改革と近代思想』第10章参照）。彼は弁証法的に発展する歴史、つまり時間的に計って予想される直線的時間のなかに、人間の新しい世界住居を建てようとした。しかし理性の策略という考え方は人間が世界理性の道具もしくはロボットにすぎず、現実の疎外を言い逃れているものである。それゆえ、前に指摘したコペルニクス的無限空間の居住不可能性から転じて、精神は自己が実現しうる歴史＝時間に向かったが、やがてそこに安住の地を見いだすことはできなくなった。この住居を失ない疎外された現実をマルクスはプロレタリアートという社会的例外者のなかに、キルケゴールは単独者という例外者的実存のなかに見いだし、ヘーゲルの思想体系を徹底的に解体するようになった。この解体の時代に現代の哲学は主として三つの方向をとったといえよう。（1）フォイエルバッハによる人間学的還元、つまり人間学への解体。（2）マルクスによる社会学的還元、つまり弁証法的唯物論への解体。（3）キルケゴールによる実存的還元、つまり実存哲学への解体。この三つの解体を明らかにしてみたい。

フォイエルバッハによる人間学的還元

フォイエルバッハ（Ludwig Andreas Feuerbach, 1804 - 1872）は『将来の哲学の根本問題』のなかで「神学の秘密は人間学である」と言う（『将来の哲学の根本問題』村松一人、和田楽訳、岩波文庫、97頁）。彼の願望説によると、神とは、人が全知全能を願って、その願望を投影したものに過ぎない。それゆえ神学とは実は人間学なのである。このように彼は神学を人間学に還元し、キリスト教と結びついたヘーゲルの神学的形而上学を彼の唯物論的な人間学に還元しようとした。たとえばキリスト教が、「神は他者のために苦しむ」という場合、主語と述語を交換し、「他人のために苦しむのは神的なことである」とすれば正しい意味になる。ここに神学の仮面ははぎとられ人間学が説き明かされた。彼は言う、「神が私の最初の思想であった。理性が二番目の、そして人間が三番目で最後の思想であった」（前掲訳書、97頁）と。フォイエルバッハの宗教論のもう一つの大きな意義は宗教を人間の自己疎外の形態として捉えた点である。すなわち、人間は自己の理想的な姿を神として立て、自分が造ったものの前にひれ伏し、自己の造ったものの奴隷となっている。これは明らかに人間の自己疎外である。真の神でない単なる偶像礼拝は事実このようなものである。しかし、フォイエルバッハは本来の宗教的なものに対する理解をもたずに、神をその王座からひきずりおろして人間を高めることを力説し、その結果人間を賛美することに終わってしまった。ここから人間は願望の充足を彼岸でなく、此岸で実現する方向をとるようになった。この点をマルクスが継承し、『ヘーゲル法哲学批判』の中で、「こうして天上の批判は地上の批判にかわり、宗教の批判は法の批判に、神学の批判は政治の批判にかわる」と語って、現実の社会における自己疎外の仮面をあばく批判へ向かった。

フォイエルバッハはもはや世界から、もしくはヘーゲルのように世界理性から、またデカルトやカントのように人間理性から出発するのではなく、具体的人間から哲学を開始した。彼は人間的な現実にもとづく人間学的哲学に新しい出発点を与えた。彼は言う、「新しい哲学は人間の土台としての自然をも含めた人間を、哲学の唯一の、普遍的な、最高の対象とする。だから人間学を、自然の学をも含めて、普遍学とする」（前掲訳書、92頁）と。このように人間学的還元を彼は進めているが、彼の人間学の新しい点は人間を他者との生ける共同性において捉え、「我と汝」との対話にもとづく人格関係を次のように説いていることである。

単独な個人は、人間の本質を、道徳的存在としての自分のうちにも、思考する存在としての自分のうちにももたない。人間の本質は、ただ協同体のうちに、すなわち、人間と人間との統一のうちにのみ含まれている。この統一は、しかし、私と君の区別の実在性にのみ支えられている。……絶対的な哲学者は、絶対君主の「国家、それは私である」と絶対的な神の「存在、それは私である」とに似て、自己——もちろん思考する人間としての自己で、人間としての自分ではない——について、「真理、それは私である」と言うか、あるいは少なくともそう考えた。これに反して、人間的な哲学者は「私は思考においても、また哲学者としても、人間とともにある人間である」と言う。……真の弁証法は、孤独な思想家の自分自身との独白ではない。それは私と君の間の対話である。（前掲訳書、94–95頁）

フォイエルバッハはこの新しい哲学をさらに発展させなかったし、彼が捉えた人間もマルクスやキルケゴールが見た問題を担った実存ではなく、人間自体に関心を集中させ、主題として問題的に発展させることがない、感覚的に素朴な一般的人間にすぎなかった。

マルクスによる社会学的還元

フォイエルバッハの宗教批判を現実の政治・経済の批判に向けたのがマルクスである。彼の思想は何よりも近代的市民社会の問題に集中しており、哲学のすべての営みを社会学的に還元しようとした大きな試みであった。

マルクスのヘーゲル批判と史的唯物論　マルクス (Karl Marx, 1818 - 1883) の**共同体論**はヘーゲルの受容と批判から形成された。ヘーゲルは初期の著作以来人間が精神としての自己を形成するにあたって言語と労働とがもっとも重要な要素であるとみなした。人間は言語の普遍性によってその共同性を、労働の生産性によってその創造性を獲得した。とりわけ労働の意義は『精神現象学』の有名な一節「主人と奴隷の弁証法」によって古代社会を反映した意識の問題として取り上げられ、その歴史を変革する革命的作用であると説かれた。このようにヘーゲルが意識のなかに読み取った労働の疎外された形態を、マルクスは現実の社会に起こっている労働の経済的に疎外された状況に当てはめた。彼はフォイエルバッハがヘーゲルの宗教思想を批判して感覚的唯物論へ解体していったことを継承し、それをいっそう発展させ、その宗教批判を政治経済の批判に向け、すべてを史的唯物論へ解体した。ここではヘーゲルが人間の疎外を認めながら「理性の策略」をもって説明した問題をマルクスがいかに克服しようとしたかという点に絞ってその共同体論を扱ってみたい。

その際、マルクスの共同体論を構成している弁証法的契機について(1)その人間観、(2)その疎外観、(3)そのイデオロギー論、(4)その唯物史観に基づいてあらかじめ考察しておかなければならない。

(1) マルクスの人間観　初期の論文『ユダヤ人問題によせて』のなかで近代社会という新しい共同体の成立過程をマルクスは解明し、その基底に利己主義的欲望の主体たる人間が依然として存在していることを指摘した。このときからすでに彼の思想の一面がかなり明確になっていた。つまり封建社会から近代社会への解放は、単にこの利己主義的な人間を解放したにすぎなかった。このような人間こそ人間疎外を生み出す元凶なのである。この点はヘーゲルが市民社会を構成している人間を「欲望の主体」と規定したのと同様である。ところが近代市民社会では自由が重んじられても、抽象的な公民としての権利だけが認められており、市民としては貨幣の獲得が自己目的となって、そこでは他者を自己の欲望の手段にまで貶《おとし》める。このような「公民」と「市民」との矛盾こそ、「人間による人間の自己疎外」を生み出したと説かれた。

(2) 自己疎外論

この人間の自己疎外の実体は、『経済学・哲学草稿』の有名な一節「疎外された労働」の分析でみごとに摘出された。そこには四つの疎外形態が指摘される。(1)労働者の力によって作られたのに、疎遠な対象となった「労働の生産物」からの疎外、(2)労働の内部にある「生産行為」における疎外、つまり楽しいはずの労働が苦痛となっている。(3)労働の成果が少数の有産者の所有となることによって、疎外された労働は人間的な「類的(普遍的・全体的)本質」を疎外する。(4)「人間が彼の労働の生産物から、彼の生命活動から、彼の類的存在から、疎外されているということから生じる直接の帰結の一つは、人間からの人間の疎外である」(マルクス『経済学・哲学草稿』城塚登・田中吉六訳、岩波文庫、98頁)。これが自己疎外の内実であって、この人間の疎外を克服するために彼は「人間主義的な共産主義」が不可欠であると説き、「自然の人間的本質は、社会的人間にとって初めて現存する。それゆえ社会は、人間と自然との完成された本質統一であり、自然の真の復活であり、人間の貫徹された自然主義であり、また自然の貫徹された人間主義である」と主張した(前掲訳書、133頁)。

(3) 共産主義による疎外の克服

このことを実現するものは市民社会から疎外された、社会の矛盾を一身に担っているプロレタリアートであって、その実現のための理論がイデオロギー論と唯物史観である。マルクスはその著作『ドイツ・イデオロギー』でヘーゲルの観念論と対決し、法律・政治・思想・精神・意識は経済的・社会的下部構造の上に立った「観念的上部構造」として解釈され、それが「イデオロギー」つまり「観念形態」と呼ばれた。そして彼は「意識が生活を規定するのではなく、生活が意識を規定する」と主張した（マルクス『ドイツ・イデオロギー』古在訳、岩波文庫、33頁）。

(4) 唯物史観の展開

この社会・経済的下部構造が歴史の発展といかに関係するかを述べているのが、唯物史観であって、「理念が世界史を支配する」と説いたヘーゲルの観念論は逆転される。『経済学批判』の序文には有名となった唯物史観の公式が次のように語られた。

物質的生産様式によって、社会的・政治的および精神的生活過程一般がどうなるかがきまる。人間の意識が人間の存在を決めるのではなく、反対に、人間の社会的存在が人間の意識を決めるのである。社会の物質的生産諸力は、その発展がある段階に達すると、自分がそれまでそのなかで動いていた現存の生産諸関係と、あるいはその法律的表現にすぎないが、所有諸関係と矛盾に陥る。これらの諸関係は、生産諸力の発展の形態であったのに、それを縛りつけるものに変わる。こうして社会変革の時期がはじまる（マルクス『経済学批判』向坂訳、新潮社、「マルクス・エンゲルス選集」第7巻、54頁）。

このように歴史はその物質的基底へ、社会的生産の下部構造へ、つまり物質的生産力と生産関係から展開すると歴史的に理解された「物質」へ還元された。こうしてキリスト教的な神の「摂理」がヘーゲルによって世俗化されて「理念」の自己展開となり、さらにこの理念が「物質」へ還元されることによって**唯物史観**が成立した。

このようなマルクス主義の哲学はヘーゲル哲学を徹底的に社会学的に還元しようとする試みであるが、すぐれた現実の理解とともに行き過ぎも考えられるであろう。そこで考慮すべき問題点を列挙してみたい。

①ラディカルな社会学的還元は下部構造一元論へ進み、そこから歴史の全体を把捉しようとするが、はたしてそれは可能であろうか。マルクスと同様優れた社会科学者であるマックス・ヴェ

ーバー（Max Weber, 1864 - 1920）は『プロテスタンティズムの倫理と資本主義の精神』のなかで経済史がどのように経過したかを解明した。彼は宗教的理念のもつ役割、とくに物質に対し禁欲的なプロテスタンティズムの宗教的理念が歴史に対して果たした役割を強調した。彼によると宗教に対し批判的なマルクス主義そのものも一つの理念によって形成されたものである。

②ヘーゲル哲学を批判しているマルクスも疎外を原則的に止揚しうるとの前提に立っている。人間疎外の現実をこのように止揚しうると考える楽天的傾向はヘーゲル主義者の特徴であり、マルクスも同様であると考えられる。人間は動物のように環境に一体的に生きることができず、世界への不適応性のゆえに自ら疎外を生み出しながら、同時に世界を改善しようとする。これは理想へ向かって無限に努力する人間の特徴である。疎外は人間が耐えられうる程度にまで改善されるべきものであって、原則的に止揚することは、自ら疎外を生み出している人間にとって不可能であろう。

③政治的革命の理論はプロレタリアートの独裁にみられるように、この一時的な形態がそのまま新しい支配形態となって固定し、ナショナリズムの枠をのり越えることが不可能となっただけでなく、官僚制機構は資本主義社会よりもいっそう独裁的になった。

④階級闘争という政治的革命の理論が人間存在の共同性の主張を覆い隠し、十分な展開を妨げ

ている。それゆえ階級に対し個人の意義が無視されている点が後に批判されるようになった。しかし、このような問題点があるにしても、マルクスの最大の功績は『資本論』のなかで「商品の物神的性格」を捉え、物質を媒介として成立している人間の疎外された状況を、人間の社会的な基本行動である労働において捉え直し、これを通して真の人間関係を確立しようとした点にあるといえよう。

キルケゴールによる哲学の実存的還元

キルケゴールの時代批判の書『現代の批判』はマルクスの『共産党宣言』と前後して世に問われたが、そこには著しい対応が認められ、共通点とともに相違点も明らかである。その書物の冒頭でキルケゴールは次のように言う。「現代は本質的に分別の時代であり、反省の時代であり、情熱のない時代であり、束の間の感激に沸き立つことがあっても、やがて、抜け目なく無感動の状態におさまってしまうといった時代である」（キルケゴール『現代の批判』桝田啓三郎訳、岩波文庫、23頁）。

分別と反省にあけくれて、決断を欠いた無感動のまどろみのなかにあって、個人としての自己の性格を失った人間には無性格と水平化（画一化・非個性化・大衆化）が生じる点を彼は指摘した。同じくマルクスは『ルイ・ボナパルトのブリュメール十八日』でブルジョワ革命には熱情がなく、その時代の最高の掟は「決断の欠如」であると言い、『共産党宣言』ではその結語でもって万国のプロレタリアートの団結への決断を促した。マルクスは歴史の将来を担う主体としてプロレタリアートという社会的例外者を立てたのに対し、キルケゴールは「単独者」という例外者をとらえ、経済的社会的政治的破産よりも精神の上でいっそう決定的な危機を見ぬいた。むしろキルケゴールにとって数学的平等性に向かう階級は水平化を促進するものである。ただ、神の前に立つ単独者によってのみ真の自己たることが与えられる（前掲訳書、62頁）。

キルケゴールが捉えている人間は、このような単独者としての「実存」であり、この実存へ向けてヘーゲルの哲学は還元された。

マルクスが属していたヘーゲル左派がヘーゲル哲学の中の批判的で非キリスト教的要素を強調したのに対し、ヘーゲル右派はヘーゲル哲学とキリスト教の教義との一致を信じた。デンマークの監督マルテンセン（Hans Lassen Martensen, 1808 – 1884）は、ヘーゲル主義とルター派の教義を総合しようとした。これに対し攻撃を加えたのがキルケゴールであり、キリスト教世界のなかでいかにしてキリスト者となるかを彼は自己の課題として立てた。キルケゴールの実存思想は今日の実存哲学と等しく独自の実存的体験から出発する。苦悩と憂愁に閉された彼の青年時代の体験は次のようなギーレライエの手記で表明された。

私にとって真理であるような真理を発見し、私がそれのために生き、そして死にたいと思うようなイデーを発見することが必要なのだ。いわゆる客観的真理などをさがし出してみたところで、それが私に何の役に立つだろう。……私に欠けていたのは、完全に人間らしい生活を送るということだった。単に認識の生活を送ることではなかったのだ。かくしてのみ、私は私の思想の展開を、客観的と呼ばれるもののうえに、いな、断じて私自身のものでもないもののうえに基礎づけることなく、私の実存の最も深い根源とつながるもの、それによって私が神的なもののなかにいわば根をおろして、たとえ全世界が崩れ落ちようともそれに絡みついて離れることのないようなもののうえに基礎づけることができるのだ（桝田啓三郎「キルケゴールの生涯と著作活動」『世界の名著40 キルケゴール』中央公論社、20－22頁）。

このような「真理は主体性である」という主張がすでにこの手記にもうかがわれるが、彼は真理をつねに人格の主体性に求め、近代思想を次々に批判し、自己の思想を確立した。

(1) まず、ヘーゲル的概念の立場は客観的真理を思弁的に冷静に考察していると自負していても、思弁的思惟は一般者や概念を問題にしても、個体にかかわらない。それが在るという個別的事実としての現存在は、わたしとかあなたとかが示す人間的存在の個別性をいい、これこそ人間の唯一の現実なのである。ヘーゲルは理性的なものと現実的なものとをその生成において一致するとし、存在と本質を一つに理解した。マルクスがこのヘーゲル的な理性的な本質の現実化のプロセスを批判したのに対し、キルケゴールはそのような現実化の原理そのものの欠陥を捉えた。彼はカントに従い、本質と存在との間の原理的区別を主張し、物の本質はその一般的本性にかかわり、概念的に捉えられるが、人間の存在のほうは現実存在として、一般概念によって把捉されることのない実存であると説いた。とくに人間的存在ではその個別的あり方は普遍的類（人類）に対し無限に優っていると彼は主張した。

(2) 次にキルケゴールはロマン主義的審美主義の批判をとおして美的実存から倫理的実存への自覚による発展を語る。初期の著作『あれか、これか』のなかで、とくに「人格形成における美学的なものと倫理的なものの均衡」という論文でこの点を詳論する。さらに、彼は神を道徳法則に置き換えるような道徳主義や普遍倫理に立つ倫理的学説を批判する。また『おそれとおののき』ではこの点が「倫理的なるものの目的論的停止」として提示され、一般倫理を超出する宗教的実存を解明した。

(3) 宗教的実存の概念は「神の前に立つ個人」をいう。実存とは「単独者」、つまり一人ひとりの個人を意味する。この個人はカント的自律する個人であるが、論理的また道徳的主観というような普遍的一般者ではなく、憂愁・不安・絶望・罪に陥った個人である。それは大衆化し、平均化した一般の公衆に対しては「例外者」であり、社会から疎外され孤独な生のなかにあって、社会と対決するソクラテス的な生き方である。

キルケゴールは19世紀の前半に属しながら、すでに近代の終末現象である大衆社会の怖るべき作用を熟知していた。このような現実の中で人間はいかにして自己の実存にいたるのかと彼は問う。実存は神によって与えられ、信仰によって飛躍的に達せられる。

この自己の実存にいたる道をキルケゴールは質的・飛躍的・実存的弁証法という。それに対しヘーゲルの弁証法は量的・連続的・思弁的であり、とくに世界歴史の考察において自他のいっさいが同一視され均等化されて、量的な相違にもとづく展開のみを問題とする。そこには自己の質的独自性や個性、自己自身の発展、倫理的真摯な態度が無視される。ヘーゲルは人間としてもっとも重要なこと、つまり自己自身の問題を忘れ、「世界史的に吼《ほ》え、体系的に嘶《いなな》いている」。

こうしてキルケゴールは人間の本質を思弁的「認識」にも、道徳主義的「行為」にも、ロマン主義的「体験」にも依存せしめないで、主体的「信仰」によって把握し直した。彼は代表的著作『死にいたる病』の本論の初めのところで人間的実存を「関係としての自己」として捉え、次のように語る。

人間は精神である。しかし、精神とは何であるか。精神とは自己である。しかし、自己とは何であるか。自己とは、ひとつの関係、その関係それ自身に関係する関係である。あるいは、その関係がそれ自身に関係するということ、そのことである。自己とは関係そのものではなくて、関係がそれ自身に関係するということなのである。人間は無限性と有限性との、時間的なものと永遠なものとの、自由と必然との総合、要するにひとつの総合である。総合というのは、ふたつのもののあいだの関係である。このように考えたのでは、人間はまだ自己ではない。(『死にいたる病』桝田啓三郎訳、「世界の名著40」中央公論社、1966年、435-436頁)

このような「自己」の実存的な規定には自己が「無限性と有限性」、「時間的なものと永遠的なもの」、「自由と必然」との関係という静的把捉と、この関係が決断として「関係する」動的な理解とがここに提示された。この自己−内−関係のなかで自己は自己自身に対する一定の態度決定をする。それは対象に対して距離をおいて冷静に知的に観察する主観（観る者）ではない。それはデカルト的自我、「思惟するもの」ではない。自己は「もの」としての実体ではない。そうではなく「関係する」行為者、つまり主体的な決断として捉えられた。

キルケゴールの人間学的前提からすると、人間は身体と魂の総合として精神である。この「精神」こそ「自己」として語られているが、この著作では、精神が自己の内なる関係において不均衡に陥ると、絶望の状態が生じる。精神は身体と魂に対し、総合する第三者ではあるが、このような関係に精神を置いた永遠者なる神との関係において、絶望を克服することが可能になる。この神的可能性が「信仰」にほかならない。したがってキルケゴールの「関係としての自己」には「自己内関係」と「神との超越的関係」との二面があり、前者の心理学的で実存的解明から後者の「神の前」での主体的な解明に進展する。こうして自己が決断の主体的行為によって本来的自己となることは永遠者なる神との関係の中で遂行される。この宗教的実存で絶望が根絶された場合の自己の状態は、「自己自身に関係し、自己自身であろうと欲することによって自己は自己を措定した力のうちに透明に根拠をおいている」と定義され、これこそ「信仰の定義」でもあると説かれた（前掲書、487頁）。

「神の前に立つ個人」という宗教的実存、すなわち「信仰」は、神に対する人格的関係であるが、このような単独者の道はひるがえって他者を隣人として愛する実践に向かう。この隣人はすべての者を等しく隣人として捉え、自ら他者に対して隣人となる主体的行為となり、何よりも隣人が神との信仰の関係を回復するように働きかける。これが愛のわざである。これに対し自然的な愛は単なる美的な直接性として快楽を追求するので、自己否定的な愛によって拒否される。というのも人間の愛の関係のなかに、今や、超越者にして永遠者なる神が中間規定として介入してきているからである。

キルケゴールの実存思想の意義は概念の立場からは決して捉えられない単独者としての実存を主題として哲学的思索をなしている点に求められる。憂愁・不安・絶望・罪・死によって人間は全体として気分づけられている。キルケゴールの天才的能力は、このように気分づけられている人間の存在に美的・倫理的・宗教的実存として明瞭な規定を与えたところに発揮された。こうしてヘーゲルの概念的な思弁哲学は実存へ解体された。

キルケゴールの実存思想はとりわけ**単独者**、つまり一人ひとりの個人となる点を強調した。このように個人の実存的な自己となることを求める限り、それは個人の自主独立性、もしくは自我の発見に出発した近代思想の極致であるが、そこには同時に個人の人格性が、彼が「公衆」と呼んだ大衆の水平化による挫折をくぐりぬけ、それを突破して、本来的存在を回復することが試みられた。このような単独者の主張は単独者それ自身を決して自己目的としているのではなく、単独者が自覚的に神の前に立つため、また神および他者との本来的な人間関係を回復するという、一つの明瞭な目的をもっていた。単独者となることはこの目的にいたるために通過しなければならない条件なのである。「子どもの結婚は醜い」と彼が語っているのはまさにこのことを指しており、他者との社会的関係には人格の成熟が、つまり単独者の生成が前提条件となっている。

キルケゴールの実存思想の特質は、近代の終末を物語る大衆の出現を預言者的洞察の下に見ぬき、大衆社会のなかに埋没し、「実存なき現存在」(ヤスパース)として自己喪失を来した人格の尊厳を取りもどそうとした点にある。ここに強調点があったため、どうしても個人主義的な主観性の傾向を帯び、共同性の主張や社会倫理が前面に現われないで終らざるをえなかった。

単独者への問いとその克服への道

キルケゴールの単独者の思想は、今日の実存哲学に対して決定的影響を与えた。その際、実存は社会的公共性や日常性を否定することによって一般者の外に立つ存在として説かれた。しかし、人間と人間との社会的関係の問題性ゆえに、社会から分離すること、もしくは社会性を否定することは正しくない。フォイエルバッハとマルクスが説いたように、人間は本来共同的に生きるべき社会的存在である。マルクスとキルケゴールとの対立はヘーゲルにおいて統合されていたものの分裂でもある。つまり、ヘーゲルは「人格と人格との共同は本質的には個体の真の自由の制限ではなくて、その拡大とみなされなくてはならない。最高の共同は最高の自由である」(『理性の復権——フィヒテとシェリングの哲学体系の差異』山口祐弘他訳、アンヴィエル、85頁)と説いた。したがって個と普遍の統合としての社会性は個人の共同性の自覚によって成立する。

それゆえ個と普遍、つまり個人と社会との対立は、歴史の発展過程のなかで次第に変質し、今日では**個我主義**と**集団主義**とが対立するようになった。個我主義は社会を構成している最小単位としての孤立した人間を捉えているのに対し、集団主義はきわめて皮相な社会集団に属する外的な人間を捉えているにすぎず、両者とも真に全体である人間を捉えていない。だから、集団主義の立場から見れば個我とか単独者というのは風変りの異常者であり、個我主義の側から見れば、社会主義者の自己献身の行為はどうでもよいような自己の部分の放棄にすぎない。このような分裂を真に克服する道はいかに求められるのか。

ヨーロッパのマルクス主義で特筆すべき点は、歴史の唯物史観にもとづく解釈では説明尽くされない「個人」の問題がたえず反省されてきていることである。ルカーチ(György Lukács, 1885-1971)

の『歴史と階級意識』やサルトル（Jean-Paul Charles Aymard Sartre, 1905-80）の『弁証法的理性批判』のなかにそのような試みを見ることができる。ここにプロレタリアートの意識が社会的発展的過程の意識にまで進展すべきことが説かれたり、教条主義化したマルクス主義に対して人間の現実を回復させるために実存主義との結合が説かれるようになった。なぜなら集団が意識するのではなく、意識したり思考したりするのはあくまでも個人なのであるから当然のことである。

他方、実存主義のなかでも単独者の主張が結果する主観主義的傾向に対し、決定的方向転換をなす試みが次第に行なわれるようになった。

たとえばマルティン・ブーバー（Martin Buber, 1878 - 1965）はその名著『我と汝』において決定的に新しい方向に踏み切った。「我と汝」は「我とそれ」から区別され、前者が汝 ― 関係を後者が非人格的（非人称的）利害関係をあらわす。汝関係のなかで関係の二者性、他者との生ける交わりの領域、つまり他者とともにある自己が解明され、自己が本質的に社会的であることが力説される。また人格概念はカントが以前説いた人間の品位とか尊厳の上にのみおかれず、人格間の根源的距離の上にかけられた交互的関係として捉えられ、そこから協働的に生きるという応答的責任を負う自己が説かれた。これによって実存主義の個我的側面の徹底的な超克が果たされた。

［談話室］　ヘーゲル弁証法の意義とその学派の分裂について

ヘーゲルは弁証法の論理によって思想を展開させたが、それはもともとカントやフィヒテによって定式化された論理であった。とりわけ三段階のリズム（即自、対自、即自対自）をとって運動する弁証法は、歴史の考察にもっとも適していた。これを用いて哲学を展開させたヘーゲルの時代にはニーブールやランケによる歴史学が始まり、彼に影響していた。彼自身も優れた歴史家であった。

ヘーゲルによると絶対者は歴史のうちに現われるから、歴史は絶対者がその本質をしだいに明瞭にする過程にほかならない。だから真理はたえず変化する歴史的状況の形態において現実的であり、この状況のおのおのは、ある限定された仕方で真理である。まさにこのことが、あらゆる立場は勝利をおさめたとき、一面的なものとして自らを証明するという、進行する歴史の弁証法的過程を形成する。したがってこの過程において真理は克服され同時に保存される。すなわち真理は後の局面において「止揚」されるのである。

この「止揚する」（aufheben）というドイツ語は実に訳の分からない言葉であって、ドイツ語を学び始めたころ、それを理解することが全くできなかった。なぜならその意味は最初「捨てる」とあり、つぎに「拾う」と辞書にあったからである。このような意味不明な言葉がヘーゲルによると歴史の歩みを説明する言葉になる。つまり歴史的な変化にはあることが否定されて捨てられるが、残った真理契機は拾われて発展するからである。つまり歴史的真理はあることの否定を通してその肯定に転じ、このことの洞察がこのように歴史を弁証法的過程として把握させているのである。このような理解が生れるのは、ヘーゲルが無制約的絶対者を有限的な制約されたものと対立しているとみなさないからである。もし対立しているとすれば、その対立のゆえに、絶対者は制約された者になってしまう。そうではなく絶対者は有限性にまでくだり、有限的なるものを、自己の有限性において経験し、そのうえで同時に自己を克服する限り、ただその限り絶対者は存在する。ここに絶対者と有限なるものとの媒介が成立する。この媒介の背後には神学的和解の概念が立っていて、ヘーゲルのこのような思想がキリスト教の三位一体の教義にもとづいていることは容易に理解されよう。

したがってヘーゲルはキリスト教と哲学との総合を試みたのである。彼は『法哲学』の序文で「薔薇と十字架」について次のように語っている。

「理性を現在の十字架における薔薇として認識し、それによって現在をよろこぶこと、この理性的な洞察こそ、哲学が人びとにえさせる現実との和解である」と。

ここでの「十字架」は現実の矛盾・不和・葛藤を解決してゆく手がかりで、このキリスト教の十字架の精神が彼の哲学のうちに採用されているといえよう。しかし、この偉大な営みはその後理解されないで、継続して展開しなかった。辛うじてキルケゴールの実存弁証法にその後の発展を見たに過ぎなかった。

この不幸な事態の最初の表れは、彼の死後ヘーゲル学派が二つに分裂したことによっても知られる。シュトラウスの著作『イエス伝』が出ると、これを契機にヘーゲル学派は分裂し、一方はヘーゲル哲学とキリスト教の教義との一致を信じ、ヘーゲル哲学にとどまったが、他方はヘーゲル哲学の非キリスト教的要素を強調し、先鋭化して行った。前者が「ヘーゲル右派」と呼ばれ、後者が「ヘーゲル左派」と呼ばれる。左派にはシュトラウスをはじめフォイエルバッハ、シュティルナー、ラッサール、マルクス、エンゲルスなどが属する。またヘーゲルを批判したキルケゴールは右派のマルテンセンとの対決から出発したのであった。

3　ワイマール文化と現代思想

ヨーロッパ思想文化の歴史で近代と現代とを分かつ境界線があるとしたら、それは第一次世界大戦が終結した１９１８年であろう。というのもこの時点で人々の価値観は根本から変化したからである。それまでの比較的安定した歴史の中で、確実だと予想されていた未来像がもはや通用しないものとなった。17世紀のヨーロッパに始まる「啓蒙」思想は貴族にかわってブルジョアを、旧体制にかわって革命を、神学にかわって科学を、農村にかわって都市を、それぞれ前面に押し出してきた。資本主義社会が次第に発展し、ブルジョアジーの力によって革命が次々に起こり、科学技術が振興し、大都市が建設されて、これらの力が相携えて新しい世界を造るとき、技術文明とか産業文化と呼ばれる新しい文化が18世紀後半から19世紀にかけて現われはじめた。そのさい文化をこれまで導いてきたヨーロッパ的な「**霊性**」は次第に背景に退き、これに代わって「**理性**」が自律しはじめ、科学技術と提携することによって、霊性から切り離されて道具化した「理性」が時代を支配するようになった。こうして「理性」はかつてもっていた「深み」を喪失し、単なる**合理主義**となって全世界に広まっていった。日本が自国の文化を残しながら、「和魂洋才」の立場で、ヨーロッパの「魂」である「霊性」を抜きにして、ただヨーロッパの産業技術のみを受容することができたのは、このような近代文化の歴史から説明することができる。

啓蒙の「進歩」思想に対する疑問　しかし、「霊性」を欠いたままで単なる「理性」に立脚する合理主義には大問題が隠されていた。それは特に「**進歩思想**」によって明瞭となる。実際、「啓蒙」思想の根底には、新しいものは旧いものに優るという「**進歩**」(progress) の観念がある。この進歩という観念は近代に特有のもので、中世にはなかった。神が宇宙の創造者として万物を完全な姿に造られたとしたら、人間は神の造りたもうたものに何も加えることはできないし、ましてや人間の手による進歩など考えられなかった。ところで近代に移ると人間は神のように自然に働きかけてそこから文化の世界を創造していった。ここから「進歩」の観念が生じ、科学技術を駆使して近代の技術文明と産業文明を作り上げた。だがその結果はどうであろうか。科学と技術は人間の幸福を招来するかのように装いながらも、実際は自然という環境の破壊と科学兵器による人類の自己破壊を引き起こしている。これがヨーロッパを中心として戦われた「第一次世界大戦」（１９１４―１９１８年）とそれに引続き戦われた「第二次世界大戦」（１９３７―１９４５年）であった。

そこには単なる「理性」に基く啓蒙が生み出した結末、つまりヨーロッパの近代化によって生じた末路が見いだされる。この時代の矛盾を身をもって経験した哲学者ホルクハイマー（Max Horkheimer, 1895 - 1973）が『理性の腐食』の中で次のように発言していることは事態の本質に的中している。

人類の希望は、初めてそれがヒューマニストたちによって語られた手探りの時代よりも、その成就にはほど遠いように見える。技術的知識が人間の思惟や活動の地平を拡大するにつれ、個人としての人間の自律性、巨大化する大衆操作の装置に抵抗する能力、想像力、独立的判断といったものは衰えていくように思われる。啓蒙のための技術的手段の進歩には非人間化の過程が付きまとっている。こうして進歩は、まさに実現が目指されている当の目標、人間の観念を破壊する。

同様に文学者のシュテファン・ツヴァイク（Stefan Zweig, 1881 - 1942）も『昨日の世界』でこれまでのような生活はもはや期待できず、先祖たちが懐いていた宗教、つまり人間性がすみやかに持続的に向上するという信仰などもはや期待できない、と断言した。

シュペングラーの「西洋の没落」　このような進歩への疑念が起こると同時にヨーロッパ世界の没落が強く意識され始めた。第1次世界大戦後にシュペングラー（Oswald Arnold Gottfried Spengler, 1880 - 1936）が『西洋の没落』（1918年）を書き、大きな影響を与えた。それは戦後の暗い終末意識が人びとの心を支配していたからである。彼はその書の序文でこの書は「歴史についての新しい見解であり、運命の哲学である」と述べ、その考えを世界史の比較形態学の方法で展開した。こうして全地球上に広がっているヨーロッパ文化の没落の原因を分析し、ヘルダー、ゲーテ、またニーチェなどに影響されるとともに、歴史家ブルクハルト（Carl Jacob Christoph Burckhardt, 1818 - 1897）のペシミスティックな文明観に大きく影響されて、ヨーロッパ文明は、今や「成長」と「成熟」の段階をすでに通過して「衰退」の段階に入り、「没落」が単に個々の国家のみならず、全ヨーロッパを包み込んでいると主張した。彼は文化の歴史を千年の周期をもって回帰する有機体であると考え、それを植物の生成発達に擬した。すなわち文化には寿命と発達のリズムがあって、老年期にはいると衰微し、文化は没落する、と。

この時代には確かに「没落」の意識が支配し、過激な破壊主義、実存主義の文学や思想が流行するようになった。こうした時代傾向はワイマール文化において典型的に見られたので、次にこれを考察してみよう。

ワイマール文化

ワイマール文化についてピーター・ゲイは『ワイマール文化』の「序」で次のようにその印象を明解簡潔に述べている。

ワイマールについて考える時、われわれは美術や文学や思想における革新（モダニティ）について考える。例えば、父親に対する息子の、伝統美術に対するダダイズムの、肥った俗物に対するベルリン子の、古いタイプの道徳家に対する放蕩者の反抗のことを、あるいは『三文オペラ』、「映画の」『カリガリ博士』、『魔の山』、バウハウスと「女優」マレーネ・ディートリヒのことを考える。そして、とりわけ、世界のいたる所にワイマールが輸出した亡命者のことを考えるのである（ピーター・ゲイ『ワイマール文化』亀島庸一訳、みすず書房、１９８７

年、iii頁)。

この文化は第一次世界大戦の敗戦後にドイツで起こった現象で、ドイツの歴史上はじめて共和国が造られ、古い文化の観念を打破するような文化運動が沸き上がった。

革新運動　この運動は大戦中からの反戦活動と関連のある**ドイツ表現主義運動**が出発点となって、すべての文化領域を巻き込み、絵画・彫刻・建築・音楽・文学(ドラマ、詩、小説)・オペラなどにおいて、既成の諸形式に対する大胆な破壊活動を行った。その活動の有様は映画ともなった『カリガリ博士』に典型をみることができる。これを生み出した「表現主義者たちは、その才能を通じて革命への貢献に最善をつくしたが、他方で、彼らは総じて非政治的な、あるいは少なくとも具体性を欠いた革命家であった」とゲイは言う。したがって表現主義運動は従来の文化のすべてを拒否する「掃除」をなし、来るべき文化のために自由な空間を作った。

大衆文化　このワイマール共和国は、プロイセンの軍国主義ドイツではないもう一つのドイツ、ゲーテやカントなどで代表される文化国家ドイツを体現したインテリと文化人の国であった。それゆえ「ワイマール文化は時代の流れによって内側へと駆り立てられたアウトサイダーがつくった、眩惑的なまでにはかない瞬間の作品であった」（ピーター・ゲイ）といわれる。それは過酷な政治・経済的な混乱状況とは裏腹に、多彩な成果をあげ、社会文化史的には「黄金の20年代」と呼ばれる文化的繁栄期を迎え、現代の都市型大衆文化が広まり、都市の中流サラリーマン階層に行き渡った「大衆文化」が現出し、ベルリンはロンドン・パリ・ニューヨークを越えて大衆文化の中心地となったのである。

こうした新旧文化の交代は世代間の葛藤を生みだし、父の世代に対抗する息子の世代という図式で表現される演劇、たとえば「父親殺し」のテーマの演劇を多数残している。また次第に没落していく家族の運命が当時の文学の主題となっている。つまり、19世紀末の「創業者時代」に経済的基礎を築き、その富を第一次世界大戦で使い果たした父親の世代に対して、息子の世代が反発し、すべてが崩壊していくことが物語られる。たとえば、トーマス・マンの『ブッテンブローク家の人々』はこの崩壊を先取りした作品であって、北ドイツのブルジョア階級の4世代にわたる栄枯盛衰を追跡している物語である。このような歴史の流れのなかで、人々は、既成の思想に懐疑の念を抱き、それを破壊しながら、自己と社会とを認識し、新しい思考と行動への地平を拓いていった。

破壊意識　この時代にはこうした「没落」の意識が支配し、過激な破壊主義や実存主義の文学と思想が流行するようになる。この時代を身をもって生きたベンヤミンはその著作『破壊的性格』の中で次のように語った。

破壊的性格がかかげるのは、「場所をあける」というスローガンだけであり、その行動も、「除去作業」のほかにはない。さわやかな空気と自由な空間への渇望は、いかなる憎悪よりも強い。（「破壊的性格」『著作集Ⅰ　暴力批判集』高原宏平訳、晶文社、1990年、92頁）

ワイマール文化ではまず先行する古い文化が破壊され、次いでそれを再建する試みが実行された。

この文化現象を生み出した表現主義運動は、先に見たように、従来の文化のすべてを拒否する「掃除」をし、来るべき文化のために、自由な空間を作ったのである。このような歴史の流れのなかで、人々は既成の思想に対して懐疑の念を抱き、それを破壊しながら、自己と社会とを認識し、新しい思考と行動への地平を拓いていった。

実存思想の流行

このような時代に人々の心を捉えたのが**実存思想**であった。実存思想は第一次世界大戦後に、戦争の基礎経験によって根本的に規定されているなかでキルケゴールを再発見し、彼の説いた基本概念である不安・絶望・死・つまずき・孤独・単独者・瞬間・反復・水平化・公衆などの観念を継承し発展させた。ハイデガーの「死への先駆」（『存在と時間』第50節参照）とか、ヤスパースの「限界状況」はそのような基礎経験の表出であって、彼らは独自の実存経験から出発し、世界や人間について客観的に論じる伝統的思考から転じ、もっぱら「実存」を主題として追及したのであって、不変の存在・価値・意味といったものを理論的に問うたのではない。

「**実存**」という言葉は「現実存在」に由来し、それは世界における人間のありのままの現実から出発していって、この現実にとどまりながら真の自己存在を確立しようとする態度を意味する。もちろんラテン語の「**現実存在**」（existentia）は「**本質存在**」（essentia）との区別に拠って、後者と対立的に理解されていることも知っておかなければならない。すなわち本質存在というのは、ものの本質、つまりものの一般的、普遍的意味を問題にし、概念的に理解される存在を指している。これに対し現実存在の方は、ものが現に個別的にある在り方に向かっている。本質は「類」という「一般者」にかかわり、現実は「個」という「個別者」にかかわっている。したがって人間は「類」の概念によって定義できないものであり、科学的に人間の一般的性質をどのように考察しても、それによっては「個」としての人間自身は解明できない。そのため「実存は本質に先立つ」（サルトル）といわれている。確かに個性こそ人間に具《そな》わっている基本的特質であるから、わたしたちは自由な主体性を実存として問題にしなければならない。

第2章の終わりで見たように、彼ら戦後の実存主義者に先駆けて、キルケゴールは主体性に立つ主体的真理を説いていた。同じ時代にマルクスが歴史の将来を担う主体としてプロレタリアートという社会的例外者を立てていたのに対し、彼は単独者という例外者を説いて、経済的社会的破産よりも精神の上でいっそう決定的な危機を見ぬいていた。というのはマルクスの説く階級でさえも個性を無視し大衆化を促進していると彼には思われたからである。実存主義の思想家たちは大衆がこの状況から目醒めて実存を取り戻すように説いている。

しかし、このような単独者の主張がもたらす主観主義的傾向に対し、決定的方向転換を促したのが、マルティン・ブーバーの対話的思考である。彼は『我と汝』で「我―汝」と「我―それ」とを対比的にとらえ、かつ汝関係の二者性、他者との生ける交わりの領域、つまり他者とともにある間柄を「間」の領域として解明し、実存哲学の個我主義的側面を徹底的に超克しようと試みた。

現代の社会思想――マルクスとヴェーバー

第一次世界大戦の終りにロシア革命が起こり、20世紀のヨーロッパは社会革命の時代に入っていく。それと共にマルクス主義が時代を指導する重要な革命理論として優勢となったが、ヨーロッパではロシアやアジアとは相違したマルクス主義の形態が説かれるようになった。ここにもヨーロッパ文化の特色がうかがえる。

マルクスとロシア革命

マルクスはヘーゲルの弁証法理論を受容しながら自己の社会理論を作り上げて行った。たとえば、労働の意義はヘーゲルの『精神の現象学』で有名な一節「主人と奴隷の弁証法」において古代奴隷社会を反映した意識の問題として取り上げられ、歴史を変革する革命的作用が力説された。ヘーゲルが意識の中に読み取った労働の疎外された形態をマルクスは現実の社会に起こっている労働の経済的に疎外された状況に当てはめていく。マルクスは、フォイエルバッハがヘーゲルの宗教思想を批判して感覚的唯物論へ解体していったことを継承し、いっそう発展させ、その宗教批判を現実の政治経済の批判に向け、すべてを史的唯物論へと解体していった（マルクスの社会思想については第2章の叙述を参照）。

マルクスの政治理論は、プロレタリアート（Proletariat とは、資本主義社会における賃金労働者階級のこと。無産階級とも呼ばれる。）による政治革命に向かい、「プロレタリアートの独裁」と「私有財産の廃棄」によって階級の対立と矛盾を止揚するラディカルな社会革命を説くようになった。こうして革命による矛盾の止揚をめざすことは、一方の階級が他方を絶滅させることによって勝利する、二項弁証法を形成し、そこにはヘーゲルの三項弁証法の中に存在していた「和解」の精神が欠如している。さらに歴史の現実において、ロシア革命に見られたように、プロレタリアートの独裁という一時的な形態がそのまま新しい支配形態となって固定し、官僚制機構が資本主義社会よりもいっそう進み、またナショナリズムの枠を超えてインターナショナルになることもできず、さらにはスターリン時代のように帝国主義に転落するにいたっては、マルクスが意図していたものとは全く異質なものといわなければならない。

マックス・ヴェーバーの社会思想

ヴェーバーは社会を科学的に分析し、その内容を客観的に記述していく際に、その認識の行為が、特殊な価値意識に導かれていることから、「理念型」に従って行なわれざるを得ないと考えた。複雑な社会現象を人間の限られた認識能力で捉えることは元来不可能であり、何らかの価値観点にしたがって社会の最も重要な因子を理念的に取り出し、これをモデルにして可能なかぎり客観的に社会現象を解明せざるを得ない。こうして共同体の理解においても合理的な科学技術に基づく「近代社会」と非合理的な呪術の支配する「伝統社会」といった類型論的考察がなされるようになった。

ヴェーバーの社会思想を理解するためには社会的行動の四類型を捉えることが重要である。彼によると社会や共同体は、その合法的な支配の在り方を含めて、社会集団の客体的側面からではなく、あくまでも個人の他者に対する主観的な意味ある行動から理解すべきである、と考えられた。そして彼は社会的行為を次のように四つの類型に分けている。①**目的合理的行為**。これは、外界の事物の行動および他の人間の行動についてある予想を持ち、この予想を、結果として合理的に追求され考慮される自分の目的のために条件や手段として利用するような行為である。②**価値合理的行為**。これらは、ある行動の独自の絶対的価値—倫理的、美的、宗教的、その他—そのものへの、結果を度外視した、意識的な信仰による行為である。③感情的特にエモーショナルな行為。これは直接の感情や気分による行為である。④伝統的行為。身についた習慣による行為である。

これらの行為の分類には合理性がすべての尺度の基礎に据えられており、行動の目的も合理的かそれとも非合理的かと分類され、非合理性の内容が信仰による価値・主観的感情や情念・習慣となった伝統とに分けられた。したがって「合理化」と「伝統」とが対極をなす理念的図式がそこには見いだされる。

世界大戦の終結時にヴェーバーはミュンヘンで学生に有名な『職業としての学問』について講演し、個人的な世界観や主義・立場から自由になって客観的な学問を目指すように勧め、「日々の要求に従い、〔合理化と脱魔術化と世俗化などの〕時代の運命に耐えるように」と語った。ヴェーバーは資本主義がもたらした現実に対し、近代の初めにさかのぼって、「目的合理性」とは異なる「価値合理性」がプロテスタンティズムの職業倫理に見られる事実を明らかにし、現代においては「目的」と「価値」との二者が合致した「合理性」が必要であると説いた。また彼は、市民社会の矛盾を原理的に止揚し得ると考えたマルクスとは違って、合理化の非合理的結果という矛盾の直中にあって、いかにして人間そのものが個人の自己責任の自由を保ちかつ実践し得るかを問うている。彼は社会制度をも個人の社会的行動から分析的に考察しており、どこまでも個人主義者として思索し行動した。そこには実存主義者と同様なる態度、すなわち、近代社会を承認した上で、これを批判的に見直そうとする態度が明らかに示されている。

ヨーロッパのマルクス主義とフランクフルト学派

ところが1920年代にはプロレタリアートの主体的意識としての「階級意識」の問題が浮上してきて、ヨーロッパに独自なマルクス主義の誕生を見た。それはルカーチとサルトルによって提起された。

ルカーチの『歴史と階級意識』（1923）　ルカーチはこの著作で、意識内容が意識されている事物や事態の実体にそぐわない「虚偽意識」を生むことを階級意識の観点から解明した。それによってルカーチはヴェーバーの合理化の問題をもふくめて資本主義社会の「物象化」という非人格化によって生じる疎外の事実を、経済・政治の領域のみならず、文化・哲学・芸術のなかにも指摘し、人間関係を物的なものとして蔽《おお》っている現実の全体を、プロレタリアートの階級意識の確立によって克服しようと試みた。ルカーチにとって単なる個人はこのような現実の中では意義をもたない。それゆえ歴史の弁証法的過程のなかにあるプロレタリアートが、この過程そのものの意識に進み、歴史の同一なる主体・客体として現われてこそ、現実は変革される。彼が「階級意識」を語るとき、「意識」はなお観念論的であると批判されるかも知れないが、単なる階級としての存在だけでは革命は起こり得ないがゆえに、そこに「意識化」が必然的に要請されている。こうして「物象化」に対抗して実存的な「意識化」が説かれ、それによって人間関係を回復させる社会変革が説かれた。ここにもヨーロッパのマルクス主義の特徴がよく示されており、歴史の唯物史観によっては解明されないヒューマニスティックな個人が問題となった。

サルトルによる世界観のランデブー　この点ではサルトルも同様であり、1960年の『方法の問題』で彼は新しい思想を表明し、観念的になり教条主義化したマルクス主義に対し、生ける人間の現実を回復すべく実存主義をそれに媒介しようと試みる。彼はまず「哲学とは興隆期にある階級が自己についての意識をもつある仕方である」と定義し、プロレタリアートの実践的英知の総合としてのマルクス主義こそ当代の唯一の哲学であるが、スターリニズムに現われているような不幸な事情の下に過去20年来それは停滞してしまったと主張した。それゆえ実存主義は欠乏症にかかったマルクス主義に人間の現実の生き血を通わせる思想として存在理由をもっている。このようなマルクス主義と実存主義との結合の試みは、異質の世界観をランデブー（あいびき）させる遊技にすぎないとしても、ヨーロッパのマルクス主義の特質をよく示している。

フランクフルト学派

次にこの時代と批判的に対決したフランクフルト学派についても触れておきたい。ホルクハイマー（Max Horkheimer, 1895 - 1973）やポロック（Jackson Pollock, 1912 - 1956）の呼びかけで、フランクフルトに社会科学研究所が設立されたのは１９２３年のことである。このフランクフルト社会科学研究所は自由なマルクス主義の研究機関として発足し、ホルクハイマーが研究所を指導し始めてからその指導力を発揮し、反ソ連教条主義の立場を鮮明にしていった。そこには前期ルカーチやコルシュのヨーロッパのマルクス主義と同列の傾向が示されている。

ところが１９３３年にナチス政権が樹立されると、この研究所はフランクフルトからジュネーヴへ、さらに翌年アメリカ合衆国のコロンビア大学に移転し、名称も「国際社会研究所」と改め、所員は次々にアメリカへ亡命した。したがって１９３０年代でのこの学派の著作の大部分は、亡命地アメリカで、異文化と経済的逼迫《ひっぱく》という苦痛を味わいながら書かれた。フランクフルト学派の思想は一般に「批判理論」と呼ばれる。これはヨーロッパ市民社会の哲学に対する批判であり、社会理論としては、近代市民社会における「権威」と「技術的合理性」の結合に対する批判と告発であった。

ホルクハイマーの『伝統理論と批判理論』(1937年)によれば、「伝統理論」とはベーコンやデカルトに始まる近代「知」がドイツ観念論を経て、19世紀の実証主義、現代のプラグマティズムや現象学に至る近代の伝統的思考を意味する。近代に生じた自然科学のみならず社会科学も、現実の変化から遊離して、自分の立てた仮説によって世界を造りだしていく。そうすることで知的な整合性は得られても、現実から離れた観念に転落してしまった。そこで彼はこのような理性の自律性が虚偽を生み出してくる点を暴露し、人間が真の主体を取り戻して歴史を創造すべきであると主張した。それゆえ彼が「伝統理論」と呼んだのは、ヨーロッパの啓蒙主義の伝統を指していた。

さらにホルクハイマーはアドルノ(Theodor Wiesengrund Adorno, 1903 - 1969)と協力して、1940年代に亡命地アメリカで、ナチスの制覇とヨーロッパ文明の没落を見ながら、なぜ人類の歴史は不断の上昇的発展でなく、このような野蛮なカタストローフを迎えねばならないのかを追及し、『啓蒙の弁証法』を書いた。そのモチーフは、「序文」で「人類はなぜ、真に人間的な状態に踏み込んでいく代わりに、一種の新たな野蛮のうちへ落ち込んでいくのか」と問題を明確に指摘した。彼らはナチスによる非合理的な大量殺害であるアウシュヴィッツや、亡命先アメリカにおける画一的な大衆文化を「**新たな野蛮**」として把握し、その根源を「啓蒙」自身のうちに追及した。

一般に「啓蒙」(Aufklärung)とは中世的な抑圧から市民階級が自己を解放した18世紀以来の進歩思想を指すが、彼らはさらに、人間が採ってきた自然への合理主義的な態度である「自然支配」や脱魔術化一般にまで啓蒙の概念を拡張した。こうして**進歩**という現代の神話を解体し、未知のものへの恐怖と不安から解放することを「啓蒙」の意味に盛り込んだ。だが、なぜ人類が野蛮から文明へと進歩してきたのにこの進歩は同時に文明から野蛮への没落の過程となったのか。それゆえ歴史に展開する進歩というものは、直線的ではなく、対立するものを媒介とする「弁証法的な」過程と考えるようになった。こうして近代合理主義の基礎となっている啓蒙思想こそ、目下の野蛮な状態を生み出している事実を指摘し、啓蒙の概念のなかにすでに野蛮への退行の萌芽が見られると説いた。それゆえ啓蒙には自己崩壊が包含されており、啓蒙の理性が科学技術と提携して経済的生産性を高め、物質的な富を増大させているのに反比例して、大衆は精神的に荒廃して暴徒にまで変質し、そこからヒトラーのような独裁者を生み出すにいたった、と考えた。彼らは啓蒙が啓蒙自身に対して批判的になること、および芸術の中に野蛮からの救済を見出したのである。

[談話室] 「ものの虜となる」現象

ヴェーバーによると「世俗的職業を天職として遂行する」禁欲の「精神」は今や、かつての宗教的信仰の「亡霊」としてわたしたちの生活の中を徘徊するようになった。この発展の最後に現われる「末人たち」(letzte Menschen)にとっては「精神のない専門人、心情のない享楽人。この無のものは、人間性のかつて達したことのない段階にまですでに登りつめた、と自惚れるだろう」と言う(『プロテスタンティズムの倫理と資本主義の精神』大塚久雄訳、岩波文庫、364–366頁)。その内的な空虚さは「ものの虜となる」餓えたる内実にほかならない。この現象をシェーラーが「偶像化」として捉えたので、それを紹介しおきたい。

彼はまず霊性を本来的な姿で捉え、宗教的作用とみなし、それが神の啓示を受容するときの心の働きであって、信仰と同じく啓示内容を受容する作用である、と説いた。すべての人はこの霊性によって永遠者なる神に引き寄せられることが起こる。ところが、このような内的な作用を満たすものは永遠なる神であるのに、誤ってそこに有限なものが闖入《ちんにゅう》すると、それは「偶像」となる。とくに「有限的な財」に絶対的な信頼が寄せられると、「財の偶像化」が起こる。彼はこの現象を次のように説明する。

人間は自分の作った偶像に魔法にかかったように縛りつけられ、それを「あたかも」神であるかのごとくもてなす。このような財をもつかもたぬかという選択は成り立たない。成り立つのはただ、自分の絶対領域に神を、すなわち宗教的作用にふさわしい財をもつか、それとも偶像をもつか、という選択だけである

（『人間における永遠なもの』亀井裕他訳、「シェーラー著作集7」白水社、281頁）。

この偶像は一般には金銭・名誉・愛欲さらに国家・無限の知識・権勢などとしてあげられる。有限的なものが絶対的領域に侵入することは「偶像化」の発端であり、昔の神秘家の言葉によってそれは「ものの虜となる」(vergaffen) といわれた。

この「ものの虜となる」という現象こそ心身の総合である霊性が変質した亡霊の働きにほかならない。本来は永遠者なる神に向かってゆくべき霊性が、間違って有限な財に捕われている状態こそ「亡霊」つまり「死人の霊」にほかならない。このようにさまよい出た霊はわたしたちにさまざまな悪影響を及ぼし、心身相関に変調や転調をもたらすのではなかろうか。こうした心身に

変調をきたす例として「出世主義者」（Streber）をあげることができる。そこには通常、相手ときそう競争原理しか見られない。シェーラーによると「出世主義者」というのは単に権力・富・名誉などを追求する人を言うのではなく、他人との比較においてより優っている、より価値があることを努力目標とし、それをすべての事象価値に優先させる人のことである。つまり「こうした種類の［他人との］比較において生じる〈より劣っている〉という抑圧的な感情を解消させるために」どんな事象でも無差別に利用する人である（前掲訳書24頁）。彼は卑俗な人である。

それに対し心身に変調を起こさない例として「高貴な人」があげられる。その特徴は自他の比較を行なう前に自己価値についての素朴な意識があり、「それはあたかも自立的に宇宙に根を下ろしているというような自己充実感の意識なのである」（前掲訳書22頁）と言われる。つまり比較される両者が比較されるに先だって独特な仕方で自己価値を自覚している。引用文の「宇宙」を「神」と言い換えれば、高位な人は神の導きを信じる霊的な人である。

4　大衆化現象の問題

現代ヨーロッパが人類に約束した「進歩」の概念は鬼火でしかなかった。イギリスの文学者評論家T・S・エリオット（Thomas Stearns Eliot, 1888 - 1965）は「進歩」（progress）という概念をきびしく批判し、それは「偽範疇」（pseudo-category）であるとみなした。また第一次世界大戦直後に経験したヨーロッパ世界の没落は、ノルウェーの画家にして版画家のムンク（Edvard Munch, 1863 - 1944）の『叫び』（Der Schrei, 1893）では人類に迫った不安としていち早く感じ取られていた。

現代ヨーロッパ文学の潮流

没落の意識　それと同じく他の作家たちもこの事態を予感し、ドイツの小説作家トーマス・マン（Paul Thomas Mann, 1851 - 1955）は『ブッテンブローク家の人々』でハンザ都市リューベックの穀物問屋の四代記によって没落する有様を描き、続いて大作『魔の山』(Der Zauberberg)ではブルジョワ出身の青年が、スイスのサナトリウムで療養生活を送ってから第一次世界大戦に参加するまでの思想的な遍歴を辿った。またカフカ(Franz Kafka, 1883 - 1924)も『変身』や『審判』また『城』その他で、文明化し官僚化した社会に生きる者の孤独と不安を極限にまで追求し、人間の完全な自己喪失の状態を慄然《りつぜん》たらしめる筆致をもって叙述した。さらにフランスの小説作家プルースト(Joseph Louis Proust, 1871 - 1922)は大作『失われた時を求めて』のなかで社会が欺瞞に溢れ、人間が孤独であって、その苦悩はついに救われ得ないという現実を詳細に描き出した。同じくフランスの実存主義の作家サルトルは小説『嘔吐』や『壁』また戯曲『出口なし』などで、またカミュ(Albert Camus, 1913 - 1960)は『異邦人』や『ペスト』などで、それぞれ人間の閉ざされ疎外された孤独な姿と無神論的な状況を描いた。それはまた20世紀アメリカの「失われた世代の作家たち」も同様で、没落の意識をもって著作に携わった。

ジョイス、モロイ、オーウェル　現代のイギリス小説家たちも同様な傾向を示している。たとえばジョイス(James Augustine Aloysius Joyce, 1882 - 1941)は『若き芸術家の肖像』によって現代文明のなかで個人が生きるためには、宗教と政治から逃れ、子どもへの期待や家庭の絆をも捨て、沈黙を守り、亡命することで狡猾に振舞わざるをえない状況を描き出した。さらにこの事態がいっそう深まると、アイルランド人ベケット（Samuel Beckett, 1906 - 1989）の文学となる。彼の小説『モロイ』では論理的にも心理的にも辻褄《つじつま》があわず、筋《すじ》らしい筋もなく、文章に句読点も改行もないままになっており、従来の小説の形式が破られた。また人間の尊厳などは非現実であると割りきった世界に生きる人間が登場し、人生の目標や辿るべき道などなくて、絶えざる「峻巡」しかないことが告げられた。彼の戯曲『ゴドーを待ちながら』は今日に至るまで大きな反響を呼んだが、そこでも、やがて到来する神や救済を二人の浮浪者がひたすら待っているだけである。それだけの筋立てしかないのに、その姿に現代人は自分の姿が反映しているのを知って、共感を覚える。総じてベケットの世界には反抗も革命もないまでに荒涼とした世界に生きている人間の姿しかなく、現代の産業化が生み出した非人間化の極致が描き出された。

また１９３０年代にドイツとソヴィエトに全体主義の政権が生まれたことから、イギリス知識人の間にこの両陣営に対する批判と不安とが増大し、その危機意識から幾多の作品が生まれた。たとえばオーウェル（George Orwell, 1903 - 1950）は『動物農園』で動物寓話の形式によって高い理想を掲げた革命も少数の権力欲を満たそうとする陰謀にすぎないとみなして、スターリン支配を批判した。また『一九八四年』という作品では全体主義的な権力国家の恐怖を描いた。とくに印象的なのは「偉大な兄弟があなたを見守っている」と書かれたポスターによる政治的統制によって言語や恋愛が次第に破壊されていって、遂には自由が奪われ、人間をロボット化する過程を見事に捉えた点である。彼は世界観としての共産主義を非難するというよも、むしろ自由を拘束する権力政治を批判した。この意味では、アメリカ民主主義が画一的となっている傾向にも批判は向けられた。彼はパリやロンドンを放浪しながら世を送り、正統的なイギリス自由主義の伝統を民衆のうちにみて、民衆の代弁者として自由を主張した。

このように現代小説が物語る人間と世界は荒涼とした原野であって、一方ではエゴイスティックな個人が懐く無意味な不安が生じ、他方では個人の自由を踏みにじる全体主義の脅威が感じられた。どうしてこのような結果が生まれてきたのであろうか。ヨーロッパの近代化がめざしてきた人間の自由は何故に挫折したのであろうか。

危機の原因　このような現代文化が醸成した危機的な状況は歴史的に吟味し、問題の所在が検討されなければならない。そのためにはヨーロッパの「啓蒙」思想をここでもう一度検討する必要がある。啓蒙の思想はイギリス啓蒙思想を代表する哲学者ロック（John Locke, 1632-1704）の『人間悟性論』（１６９０）での認識論で明瞭に説かれた。近代哲学の父といわれるデカルトは真理を把握するために疑わしいすべてを切り捨て、「理性」を正しく導く方法を確立した。このデカルトでさえ宗教・道徳・法律を尊重し、人間が生まれながらにもっている「生得観念」(innate idea)を認めていた。ところがロックはこれをも拒否して、人間の意識を白紙に還元し、理性によってのみ認識が可能であるとみなした。それゆえ彼は伝統的な信仰、もしくは霊性から理性を徹底的に純化し、デカルトが認めた「神」の存在も理性によって認識できるとみなし、「信仰」から「理性」へと自己の認識論を転換した。こうして啓蒙によって「理性」は自律し、超越的な存在は排除され、キリスト教がこれまで説いてきた世界創造の信仰は認めるとしても、認識論ではロックは「自然」が人間の「理性」によって捉えられる対象として意識に現われると説いた。ただし、晩年にはキリスト教の立場に戻った。

このように啓蒙時代から自然は生命のない単なる対象として把握される傾向が起こり、客観的で精密な近代科学の対象となった。そこには自然と人間とがともに神の「被造物」であるという生命的な結合の絆が失われ、有機体的な自然観に代わって、すでに自然科学者のデカルトにおいて始まっていた、機械論的な自然観が時代を支配するようになった。この近代科学の分析的思考はデカルトの「方法の四教則」の第1教則「わたしの研究しようとする問題の各々をできる限り多くの、そして、それらのものをよりよく解決するために求められる限り細かな、小部分に分割すること」に最もよく示されている。これまでの有機的な自然観では全体から部分を捉えていたのに、ここでは自然の部分を総合することによって全体を構成しようとする。それゆえ「生ける全体」は細部に分割され、全体から切り離された部分が「理性」によって総合される。近代科学はこのような分析的な方法をとっており、カントの認識論である「構成説」はこうした手続きから生まれた。

このような分析的な方法は「社会」と「人間」との関係の理解にも適用され、そこから「個人主義」(individualism) が生まれた。すなわち社会の全体は個人に分割され、個人の集りが社会であるとみなされた。だが現実には個人はみな社会にあって育成されてはじめて自己となり、やがて成長した後に個体としての完成に達する。それなのに個人主義は個人を出発点とし、個人の幸福を追求することによって社会全体もよくなると想定する。そして「自然」が人間のために開発されたように、「社会」も個人に奉仕するものと考えられた。ところが自然も社会も人間との生命的な有機的な繋がりが奪われると、両者とも人間の手によって必然的に「物化」される。この過程の最後に来るのは、人間の道具であった機械が逆に人間を支配するという大逆転である。

このことをハクスリー (Aldous Leonard Huxley, 1894 - 1963) が『すばらしい新世界』(1932年) で問題にした。彼によると人間は現代社会の生みだした不安な夢をみており、今日ではたとえば人はテレビを見ているのではなく、「テレビの飼料」(television-fodder)となった。さらに「人間」は「機械」によって操作されるロボットとなり、生命のないサイボーク人間となった。

確かに第一次世界大戦後にヨーロッパ精神は啓蒙の「理性」によって自由を実現すべく再出発したはずであった。ところが自由を求めた歩みは、その目的を実現することによって進歩することに挫折し、没落の運命に直面した。こうした苦境に直面して実存主義は自己のうちに最後の拠り所を求めたが、そこでの個人は社会に対して開かれたものではなく、個人主義のなわめから脱出できなかった。そのような個人こそ自己本来の形を失った「無形の大衆」に他ならない。

無形の大衆の出現

大衆と独裁者とは表裏の関係に立っている。大衆社会とは独裁者、もしくはカリスマ的指導者などのエリートが席巻し、彼らの操作と扇動によって大衆が導かれ、社会の方向が決定される社会組織である。このエリートの指導がない場合には大衆はいわゆる「暴徒」となる。

オルテガの『大衆の反逆』と対話

オルテガ・イ・ガセット（José Ortega y Gasset, 1883 - 1955）の『大衆の反逆』はこの「暴徒」としての大衆を描いた名著であるが、この暴徒が独裁者と結びつくとき、大衆が本来担うべき民主主義が破壊され、ファシズム社会となる。

大衆の登場を警告する声はフランス革命の当時からも聞こえていた。しかし、産業革命の機械化の時代がもたらした影響から、その声はますます大きくなり、「マス化された人間」が社会の諸階層に侵入し、社会組織を脅かすものであると憂えられた。オルテガはこの現代社会の問題をもっとも明確に提示した。彼によると社会は少数者と大衆との動的統一体であるが、少数者が特別の資質をもつ集団であるのに、大衆はこの資質に欠ける人々の総体である。だから大衆とは「労働大衆」を主として指すのではなく、「平均人」であり、非凡なもの、傑出し、個性的で選ばれた者、つまりエリートを席巻し、自分と同じでないものを締めだす。これこそキルケゴールが『現代の批判』のなかで「公衆」と呼んだ「水平化」をひき起こす元凶である。「公衆はなにかある巨大なもの、すべての人々であってなんぴとでもない抽象的な、住む人もない、荒涼として空虚な原野なのだ」（キルケゴール、『現代の批判』「世界の名著、キルケゴール」中央公論社、桝田啓三郎訳、403頁）と彼はいう。

オルテガはこの大衆の魂の基本的構造へ目をむけ、そこに「慢心しきったお坊ちゃん」という特性を指摘する。この自己閉塞的で不従順なひとりよがりな生き方は、「人の言葉に耳を貸さない」態度に示される。いな大衆は耳を傾けても他者の声が聞こえない聾《ろう》者である。それは「ファシズムという表皮のもとにヨーロッパに初めて理由を示して相手を説得することも、自分の主張を正当化することも望まず、ただ自分の意見を断乎として強制しようとする人間のタイプが現われた」ともいわれる（『大衆の反逆』神吉敬三訳、角川文庫、78頁）。このような人間の特徴は「対話」を拒否し、「直接行動」に走ることに見られる。

> 最良の共存形式は対話であり、対話を通してわたしたちの思想の正当性を吟味することであると信ずることに他ならないのである。しかし大衆人がもし討論というものを認めたとすれば、彼は必然的に自己喪失におちいるであろう。……かくて「討論の息の根を止めよ」というのがヨーロッパの「新」事態となってきたのである。……これはとりもなおさず、文化的共存、つまり規範のもとの共存の拒否であり、野蛮的共棲《きょうせい》への逆行に他ならない。彼はいっさいの正常な手続きをとばして、自分の望むところをそのまま強行しようとする。すでに前に考察したように、大衆をしていっさいの社会的な生に介入するようにせしめるのは、彼らの魂の自己閉塞性であったが、それはまた大衆を、介入のための唯一の方法、つまり、直接

行動へと容赦なくかりたててゆくのである。（オルテガ、前掲訳書、78頁以下）

対話の拒否が直接行動の暴力に移行する。しかも集団的強制の怖るべきモノローグはこの大衆が独裁者によって指導されるときに現われてくる。このことを述べる前に、大衆と独裁者との関連について考えてみよう。

「無形の大衆」とヒトラー　大衆と独裁者との関連についてレーデラーは「大衆が独裁者をつくり、独裁者が大衆を国家の永続的基盤たらしめる」（レーデラー『大衆の国家――階級なき社会の脅威』青山・岩城訳、東京創元社、126頁）と言う。こういう相互扶助の関係はナチの下でのドイツに典型的に見られたものであって、現代の独裁者は個性を欠いた「無形の大衆」という社会の崩壊の産物であり、この崩壊状態である熱狂的暴徒のもとで彼らの支配が確立された。この点についてノイマンも次のように説いた、「第一次大戦後の革命運動の目的ならびに本質は、家族まで含めたあらゆる自治的グループを解体し、明瞭な社会的意志をもたぬ一つの群集に仕立てることにあった。そのような群集は、常に圧政的指導者を要求し、感情的に動かされ満足を与えられることによってのみ結束を保つものである。それは常に動的な過程の中におかれねばならず、鎮静は不可能である。これが現代の独裁的大衆国家の基礎である」（ノイマン『大衆国家と独裁——恒久革命』岩永・岡・高木訳、みすず書房、116頁以下）と。このような現代の圧政的指導者たる独裁者は彼によると「デマゴーグ（扇動家）」として民衆の友であっても、「運動機構の統率者」つまり「大衆の組織者」であり、しかも、その本質は非社交的で超然としており、さらに世界を唖然とさせたいという素人じみた願望をもつ「冒険家」であって、武器をもつ人々を率いる勇猛な「傭兵隊長《ようへい》」という性格をもつ（ノイマン、前掲訳書、59–76頁参照）。

こういう独裁者の特色は「対話」の能力を欠いている点にあって、ムッソリーニもヒトラーも無類の演説家であり、演説の役割を重大視する。ヒトラーは「世界史上のすべての革命的大事件は、語られた言葉によってもたらされた」と豪語し、言葉の意義を誇張した。確かに大衆は彼の演説により魅了されたが、彼も大衆から電流にふれたような衝撃をうける。このような演説はモノローグなのであって、大衆はこれによって扇動されると、そこには個人的会話や対話が無意味となる。だから「彼はまるで相手が公衆であるかのように話す」と彼を訪ねた人々が印象をもつようになる（ノイマン、前掲訳書、60頁）。それゆえ言葉による演出力が彼の独裁政治のテクニックとなり、「政治とはあらゆるテクニックの許される遊戯だ」と彼は言う。そこにはもはや対話の精神はまったく見当たらない。

軍隊的日々命令　一般に「命令されることを嫌う者は命令することを好む」と言われる。このことは現代の独裁者のもとでは真理であり、大衆運動と戦争状態のなかに人々をおき、彼らが自分やその共同体について考えている余裕を与えないために宣伝活動が行われる。とりわけ大衆国家のなかで言葉が軍隊的日々命令へと転落してゆく。これについてピカート（Max Picard, 1888 - 1965）が語った言語現象の分析はすぐれている。彼はヒトラーのもとで言葉の意味連関がなくなるような解体運動が起こったことを指摘する。

言葉は、何事かが生じつつあるという記号にはなる、がしかし、最早なんらの生成をも呼び覚ましはしない。言葉はもはや創造性をうしなっている。それは単に号令するだけである。そこに働いているのは瞬間的な号笛、号令の怒声である。現実は号令されているのだ、もはや創造的に生み出されているのではない。……ここにおいて、わたしたちはヒトラー的絶叫に到達したわけである。いまや言語は軍隊式日々命令へと——もはやいかなる行動をも生み出しはせず、すでに準備された行動に対してただ「現われて来い」と呼びかけるにすぎない台詞の末語へと——貶《けな》されたのである（『われわれ自身のなかのヒトラー』佐野勝也訳、みすず書房、75頁）。

この日々命令の支配は事物だけでなく人間をも創造するほどである。大衆としての人間は相互の結びつきを欠いており、相互の関連がないため空虚な状態へ崩壊し、支離滅裂な無形の状態であるが、これが日々命令の支柱でふたたび寄せ集められて形が授けられる。否、ヒトラー自身もそうであるとピカートは次のように言う。

しかしながら、聴衆だけではなくヒトラー自身があまりに無連関的であったから、彼も日々命令によって初めて一つの明確さ、一つの中心点を、自己自身に与えることができたのである。……そして彼は不遜にも、自己の周囲の人間たちだけではなく、自己自身をも創造した神でもあるかのように自惚《うぬぼ》れて、得意であった。だが、彼は決して言葉によって世界を創造した神、また自身が言葉であった神ではなかった。彼は偶像――その正体が日々命令であるところの偶像――なのであって、日々命令の偶像として自己自身を創造し、日々命令の拝《はい》脆者《きしゃ》として人間たちを創造したのである」(前掲訳書、78頁)。

このようなその日その時の号令によって動員される大衆は、思考しない個人の寄せ集めにすぎず、それはただ集団的な強制によって生まれる。そこには怖るべきモノローグである日々命令が形を授け、激烈な感情的言語が大衆を操作する便法となった。こういった命令的語り方は、知力と意欲の充実した昼間ではなく、それらが弱まり他人の弁舌に引かれやすい夜に効果を発するとヒトラーはいう。しかも大衆集会は多数が集まっただけで、この心理効果をあらわす。彼はいう、「大衆集会の必要な所以は、一つの運動に参加しようとし、自己の孤独に耐えられぬ個人が大衆集会に出席して、はじめて大きな一体感を懐く点にある。個人はいわゆる大衆的暗示の魔力に屈服する」（ノイマン、前掲訳書、207頁）と。考える個人が参加していない大衆集会では感激に訴える演説が効果的であり、この現代のカルリクレス（プラトンの『ゴルギアス』に出てくる扇動政治家。）は「言葉こそ感覚の真に偉大な変革を生み得る唯一の力である」（同訳書、209頁）と叫んでいる。しかしこのデマゴーグ的変革が「弁舌の徒」によって生じうるというのは幻想にすぎない。フランス革命には百科全書家がおり、ロシア革命にはマルクスとレーニンが存在したことを想起すればたりる。考えない個人、思想のない過激な直接行動、日々命令で動員されるロボット集団には「無形の大衆」つまり「暴徒」の刻印がおされており、思想の源泉である対話の精神はまったく影をひそめている。

疑似宗教としての科学信仰——ヴァイツゼッカーの問題提起

ハンブルク大学で物理学および自然哲学を講じていたC・F・フォン・ヴァイツゼッカー（C. F. von Weizsäcker, 1912 - 2007）はマックス・プランク物理学研究所部長兼ゲッティンゲン大学名誉教授を経て、ハンブルク大学の哲学教授として活躍した。彼はイギリスのグラスゴー大学に招かれ、1959年から1961年まで有名なギッフォード・レクチャーを担当した。この講義は『科学の射程、第1巻、創造と世界の生成——二概念の歴史』（1964）として出版された。この書物ではヨーロッパ思想史の重要な主題である「近代科学とキリスト教の問題」が解明された。彼はキリスト教と科学の問題を考察しているので、わたしたちも科学の問題をこれによって解明してみたい。

この書の主題は「創造と世界の生成、二概念の歴史」であるが、発題である第1講と総括をなす第10講はともに現代の問題を扱っている。そのなかでも彼は現代文明のもっている怖るべき病根に対する診断という仕方でキリスト教の世俗化の問題を採り上げた。

まずヴァイツゼッカーの歴史哲学的テーゼと言われる主張を考えてみたい。彼によれば現代は科学の時代であり、科学は時代の本質と運命をも表明している。このことを彼は2つのテーゼによって把握しようと試みた。

(1) 科学に対する信仰がわたしたちの時代を支配する宗教の役割を演じている。

(2) わたしたちの時代に対する科学の意義は、少なくとも今日、二義性（Zweideutigkeit）を表明している諸概念によってのみ解明される（『科学の射程』法政大学出版、野田保之、金子晴勇訳、9頁)。

この二つのテーゼは一緒に合わせて理解されうるものであり、彼が科学に対する信仰をわたしたちの時代の宗教であると表現することによって、ある二義的な言葉がそこで語られる。現代を支配しているのは宗教的不可知論であって、非キリスト教的東欧およびアジア諸国の台頭はキリスト教を現代の支配的宗教とすることを許さなくした。だが、それゆえに現代人の心が空っぽになっているのではなく、その心の場所を今日では科学が、もっと厳密には科学主義（Szientismus)、すなわち科学信仰が支配している。第一のテーゼはこのことを主張している。

ところで宗教には社会的要因として共通の信仰、組織された教会、行動様式の規則という三つの要因が本質的なものとしてあげられるが、科学信仰はそれらを満たそうとする。①信仰とは意見ではなく信頼である。科学と技術を現代の偶像としたのは、それが信頼に値すること、証しされた確実性である。また見えない世界の原子と数式は普通人にとって神秘であり、啓示信仰の対象となった。そして啓示にともなう奇跡は技術化された農業、現代医学、核戦争等々である。②この科学宗教は第2要因である教会をもっていないが、祭司階級のごときものとして科学者自身をもっている。彼らは聖別された者であり、政治的対立を超えて、共通の真理認識によって一致団結している。③第三の要因の行動様式の規則は道徳に関するもので、宗教が授ける道徳的規定は祭儀的規定から生じているものであるが、現代人はその類似物を自然法則に対する信仰、また機械の部品につけられている使用法に従おうとする態度に見られる。

このように科学主義が現代の支配的宗教であるとしても、それが世界の破滅をもたらし、人間にふさわしくない生活を導き出しているときには、真の宗教であるということはできない。それがもたらした成果として科学と科学信仰の成果について問うと、第二テーゼに表明される二義性(曖昧さ)が明らかになる。科学のもたらした成果を最後まで考えぬいてみると、科学の意義には二義性が見いだされる。

たとえば医学と衛生学の発展は人口の激増をもたらし、文明の崩壊に導き、唯一の救済手段である産児制限は人間の自由を損なう疑点が残る。国際政治でも原子爆弾は一方では戦争の抑止力として平和の維持に寄与しながらも恐るべき破壊をもたらした。そしてこの破壊を未然に防ぐ保証はない。科学は将来さらに発展するが、今日よりも良くなるか悪くなるか予見できない。それゆえ科学の成果には二義性が見られる。

科学の成果と同じく科学信仰の意味も二義的である。確かに科学は人間の理解に大きく寄与した。知識は力であり、この力は責任性を意味するが、科学的認識がこの責任を遂行すべくわたしたちが使用する道徳的な力をそなえていると主張するのは単なる希望にすぎない。科学が自己の本質から人間の諸問題を解決すると信じられる場合、科学主義は迷信であり、不正な宗教である。

対立感情併存と世俗化のテーゼ　ヴァイツゼッカーによると神なき無宗教的な現代では、科学主義が、かつて神とその信仰が人々の魂にあったのと同じように、代用宗教として君臨している。彼はこの代用宗教としての科学信仰のもっている恐るべき事実を「対立感情併存」(Ambivalenz) という心理学的事実に求め、これを彼は聖書の「毒麦の譬え」(マタイ13・24―30) を借りて説き明かした。この譬えは次のような事実を指摘する。麦の種が畑にまかれ、それが成長すると、そこには毒麦も生えてきた。しかし最後の審判まではこれを抜きとって捨ててはならない。

もしかすると、それと一緒に麦も抜きとることになるかも知れないから。これが譬えの内容である。麦と毒麦は対立している。しかしそれが併存しているという状況こそ、同時にキリスト教の世俗化のプロセスを暗示しており、現代の精神的状況がこれによって説明される。そしてこの対立感情併存は両義性を表している事実に基づいて分析されるが、この両義性はキリスト教信仰の世俗化という近代ヨーロッパ史の基本構造の中から解明されている。

ヴァイツゼッカーは既述のゴーガルテン（Friedrich Gogarten, 1887 - 1967）の主張に従いながらも、世俗化の生じてくる内的弁証法、すなわち歴史の現象の中に存在している根本構造を取りだす。彼が試みたような歴史の内的論理として世俗化が把握されたことは注目に値する。

彼はこの講義の終わりに「世俗化とは何か」を採り上げる。そこで既述の歴史哲学的な二つのテーゼが現代の問題を診断する仮説として捉え直されて、次のように補われる。

(1) 現代世界は広くキリスト教の世俗化の結果として理解されうる。

(2) 世俗化とは、対立感情併存の過程を説明する両義性をもったことばである（ヴァイツゼッカー、前掲訳書、235頁）。

たとえばガリレイにおける近代科学の起源を考えてみよう。ヴァイツゼッカーによると普遍的に厳密な自然法則は、キリスト教的創造の理解なしには捉えられない。プラトン的意味での物質は理性によって説得されて初めて数学的法則に厳格に従う単なる「質料」にすぎない。それに反し神が「無から創造した物質」は、創造者がそれに与えた規則に厳密に従う。それゆえ近代科学は神の賜物ともいえるし、キリスト教の落とし子とも言えるが、今日では科学が世俗化によって両親の家との関連を失い、子どもたちは両親の死を体験することになった。ここに近代科学の両義性がある。

永遠性という考え方は、もう一つ別の実例を提供している。キリスト教以前では世界は有限であると考えられていた。キリスト教的哲学にとっても、世界は同様に有限なものであったが、神は永遠であった。近代において世界がこの神の属性を引き受けることによって永遠性は世俗化されたのである。しかし、現代では世俗化された世界が主張した自己の永遠性が再び疑われはじめている。ここにも世俗化の両義性が認められる。

政治革命と世俗化　しかしこの世俗化の重要性は理論にだけ留まらず、政治の領域でも考察すべきである（ヴァイツゼッカー、前掲訳書、238—240頁）。まず、政治に見られる革命の多様性、たとえばアメリカ革命とロシア革命のような正反対なるものがともに可能になるのは、近代文明に内在する二義性にもとづいており、本来キリスト教的概念である自由・平等・博愛が、強調点の置き方によって革命の多様性を導き出したからである。しかもヴァイツゼッカーによるとキリスト教徒であり同時に共産主義者であることを不可能にするほど、革命は自己のキリスト教的背景を忘却している。それに対しキリスト教の側でも歴史の現実の歩みに無知な保守的キリスト教が自己本来の立場を忘却している。つまりキリスト教の歴史に内住している急進的キリスト教と保守的キリスト教の二義性の忘却が起こっている。

この革命とキリスト教との敵対関係は、革命が目的と手段についての二義性を提供できるよりも、さらに深く達成できる可能性を失わせてしまった。それゆえヘーゲルが弁証法的思惟に基づきつつ「絶対者は結果である」と語るとき、キリスト教的な神の国思想である千年王国説の巨大な試みがなされていても、マルクスが経済思想による行為的実践を説くことによって、一方で歴史の必然性（＝目的）と他方で行為を媒介とする歴史の前進（＝手段）とがともに説かれ、そこに目的と手段の二義性が見られる。

このようにしてキリスト教会は近代の真の本性について無知であり、近代世界は自然を自己に服せしめることを可能にしたキリスト教的背景について無知であって、両者ともに世俗化の意味について無知なのである。それゆえ近代世界は毒麦がともに育った畑である。そこから生じる対立感情併存と二義性を正しく認識し、キリスト教信仰の新しい解釈を与える必要がある。それは科学に対しキリスト教を科学的に教育された思惟、つまり不断の自己刷新による批判的思惟によって信仰にふさわしく解明するという課題である。

こうして科学的思惟に理解できる概念でもってキリスト教が説明されたが、同時にこの科学の思惟自身がキリスト教の産物であることも証明された。今日わたしたちは歴史の重要性を自覚している思惟がこのような循環において運動しなければならず、自己自身の立脚点を絶対的真理と同一視する愚かさを克服すべき段階に到達している。この科学的で批判的な意識を養成することこそ、ヴァイツゼッカーが理論的仕事である彼の診断の試みを通して実践的療法に貢献しようとしている主眼点なのである。

この書物が出版されると創造概念の把握がドイツの学界でも大いに問題となったし、近代の物質観と古代の質料としての物質観の相違点を正しく認識し、キリスト教の創造思想が近代の自然認識との共通性をもっている点もさらに研究すべき課題である。

とりわけヴァイツゼッカーは両義性という概念によって現代社会の問題を弁証法的に解き明かした。そこには二つの真理契機が対立し、矛盾し、問題を含んでいるがゆえに、弁証法が適用できると考えた。真理はヘーゲルが意識的に両義性をもつ表現で語ったように、後の局面において「止揚」（捨てて拾われる）される。この思惟方法を用い、歴史の全体的考察に適用するのみならず、しばしば世俗化のような歴史的事象に向けてもヴァイツゼッカーは意図的に弁証法を構成する両義的な概念を選び出し、洞察に富む解明を試みた。

わたしたちは本書のなかで最初世俗化の問題を提起してきたので、彼の思想に共感できる。彼は最初からヨーロッパの現代世界を世俗化によって捉え、西側の自由主義の立場に身を置きながら近代世界の本質を認識し、科学的な批判的意識を養成することによって現代の病根を治療しうる診断書を提出したのであった。確かに近代世界は「毒麦がともに育った麦畑」であることは事実であるが、この近代世界の終末を迎えている現代では科学的な批判的意識を他者、社会、自然、宇宙に向け、他者と共に生きる共存意識をもつことが求められる。このようにわたしたちは自然科学をして精神科学や社会科学とも積極的に交渉させながら、科学的意識の向上に努めなければならない。

［談話室］　ミュンヘンのオクトーバー・フェスト（10月祭）

　ドイツに留学した頃、ドイツ語の研修を兼ねて、ミュンヘン郊外の小都市ブランデンブルクにあった研修所でドイツ語の勉強をしたことがあった。ミュンヘンには大学の先輩である佐藤吉昭・令子夫妻が滞在しておられたので、10月最初の日曜日に彼を尋ねてみた。彼はその頃助手として大学の仕事に就いており、ドイツの大学事情に詳しかった。話はわたしの研究のことに移り、何をテーマとして研究するのかとたずねられた。わたしがマールブルク大学でベンツ先生の下で「ルドルフ・オットーのルター解釈」を纏めてみたいと返事すると、それはテーマから言ってもよく限定されているから、すばらしいと言って、激励してくれた。お別れしようとしたら、今ちょうどミュンヘンではオクトーバー・フェストが開催されているから見物していかないかと誘われ、お祭りを見に行ってみた。

　出かけてみると広大な公園に大きなテントがいくつもあって、そのなかでは多くのドイツ人がお酒を飲んでは大声で歌をうたっていた。わたしが驚いたのはビールのジョッキーの巨大なことであった。それは普通の大きさの10倍もするように思われた。しかもみんなとても陽気に大声を出して、楽しそうに声を張り上げていた。

はじめはこれはすごいと思ったが、これをみんな飲んで、大声で国歌である「世界に冠たるドイツ」を叫んだりして、大通りを行進したらどうなるかと考えてしまった。しかもここはミュンヘン会談が開催されたところでもあるし、無類の扇動政治家ヒトラーの演説のことを考えてしまった。彼の演説を聞いて、しかも酒で酔って、大声で歌って、行進するとしたら、必然的に頭がもうろうとし、ほぼ自己喪失状態になって彼に追随したのも、当然であると感じた。ここから大衆と独裁者とは表裏の関係という構図が浮き上がってきた。そして戦慄を覚えてしまった。

大衆社会とは、独裁者もしくはカリスマ的指導者などのエリートの操作と扇動によって大衆運動が社会の方向を決定するような社会大系であるといえよう。このエリートの指導がない場合には大衆はいわゆる「暴徒」となる。スペインの哲学者オルテガ・イ・ガセットの『大衆の反逆』はこの「暴徒」としての大衆を論じた名著であるが、この暴徒が独裁者と結びつくとき、大衆が本来担うべき民主主義の土台が破壊され、ファシズム社会となる。こような大衆の登場を警告する声はフランス革命の当時からも聞こえていた。しかし、産業革命の機械化の時代がもたらした影響から、その声はますます大きくなり、「マス化された人間」が社会の諸階層に侵入し、社会組織を脅かすものであると憂えられていた。『大衆の反逆』はこの現代社会の問題をもっとも明確に提示したといえよう。

　彼はこの大衆の魂の基本的構造へ目をむけ、そこに「慢心しきったお坊ちゃん」という特性を指摘する。この自己閉塞的で不従順なひとりよがりな生き方は、「人の言葉に耳を貸さない」態度に示される。いな大衆は耳を傾けても他者の声が聞こえない族《やから》である。それは「ファシズムという表皮のもとにヨーロッパに初めて理由を示して相手を説得することも、自分の主張を正当化することも望まず、ただ自分の意見を断乎として強制しようとする人間のタイプが現われた」（『大衆の反逆』神吉敬三訳、角川文庫、78頁）ともいわれている。

　だから彼によると本章でも指摘されたように「最良の共存形式は対話であり、対話を通してわれわれの思想の正当性を吟味することであると信ずることに他ならないのである。しかし大衆人がもし討論というものを認めたとすれば、彼は必然的に自己喪失におちいるであろう」（前掲訳書、78同頁）。このような人間の特徴はわたしがつぶさに経験したのは、大学に勤め始めた頃であって、学生運動を指導した人たちに接して、いやと言うほど感得させられる羽目になった。

5　水平化と実存思想——キルケゴールの闘い

マルクスが歴史の将来を担う主体としてプロレタリアートという社会的例外者を立てたのに対し、キルケゴールは同じ時代に「単独者」という例外者をとらえ、経済的社会的かつ政治的破産よりも精神の上でいっそう決定的な危機を見ぬいた。マルクスの説く社会性は数学的平等性に向かい、階級としての存在は個性を無視し大衆化を促進するものとさえ彼の目に映った。『現代の批判』のなかで彼は次のように語っている。

社会性という、現代において偶像化されている積極的な原理こそ、人心を腐蝕し退廃させるもので、だから人々は反省の奴隷となって美徳をさえ輝かしい悪徳にしてしまうのだ。こういう事態になるというのも、個人個人が宗教的な意味で永遠の責任を負って、ひとりひとり別々に神の前に立っているということが見のがされているからのことでなくてなんであろ

う。（『現代の批判』桝田啓三郎訳、岩波文庫、1981年、62頁）

キルケゴールが捉えた人間は神の前に立つ単独者としての実存であり、この実存の立場からヘーゲルの哲学体系は解体されるようになった。マルクスがヘーゲル哲学のなかの非キリスト教的要素を強調したヘーゲル左派に属していたのに対し、キルケゴールはヘーゲル哲学とキリスト教の教義との一致を信じた右派に属したデンマークの監督マルテンセンに攻撃を加え、キリスト教世界のなかでいかにして真実のキリスト者となるかを自己の探求課題として立てた。

キルケゴールは富裕な毛織物商の子としてコペンハーゲンに生まれ、当地の大学で神学を学び、国家試験に合格した翌年、レギーネ・オルセンと婚約したが、結婚が不可能であることを感じ、しばらくして婚約を破棄する。この事件に対する反省として彼の著作活動が開始される。シェリング（Friedrich Wilhelm Joseph von Schelling, 1775 - 1854）の後期の思想の影響の下に、また自分の家にまつわる神に呪われた「大地震」の経験も加わり、独自の実存思想を形成する。苦悩と憂愁に閉ざされた青年時代の体験は北デンマークのギーレライエに旅行した時の手記で初めて実存思想として結晶した。

私にとって真理であるような真理を発見し、私がそれのために生き、そして死にたいと思うようなイデーを発見することが必要なのだ。いわゆる客観的真理などをさがし出してみたところで、それが私に何の役に立つだろう。……私に欠けていたのは、完全に人間らしい生活を送るということだった。単に認識の生活を送ることではなかったのだ。かくしてのみ、私は私の思想の展開を、客観的と呼ばれるもののうえに、いな、断じて私自身のものでもないもののうえに基礎づけることなく、私の実存の最も深い根源とつながるもの、それによって私が神的なもののなかにいわば根をおろして、たとえ全世界が崩れ落ちようともそれに絡みついて離れることのないようなもののうえに基礎づけることができるのだ（『ギーレライエの手記』桝田啓三郎訳、「世界の名著、キルケーゴール」中央公論社、20頁）。

この手記のなかですでに「主体性が真理である」との後の思想が芽生えていた。真理をつねに人格の主体性に求めることによって彼は近代思想を次々に批判し、自己の思想を展開させてゆく。彼の著作は美的（非実存的）なものから倫理的なものへ、さらにそこから宗教的、キリスト教的なものへ向かって発展する。こうしてロマン主義的審美主義を非倫理的・美的なものとして批判し、さらにヘーゲルの思弁的な客観主義に対決し主体的決断の意義を力説し、宗教的・倫理的実存を確立する。また倫理が普遍的一般者の立場に立っているのに対し、宗教的実存が神の前に立つ単独者であって、一般者に対して例外者となり、普遍的倫理を超出する主体的真理に立っていると説いた。彼の代表的著作は『あれか・これか』、『恐れと戦き』、『不安の概念』、『死にいたる病』等である。

哲学的著作と対比して純粋なキリスト教的著作と説教はあまり注目されなかったが、実際はキリスト教思想史上大きな価値をもち、キリストの贖罪《しょくざい》のわざや十字架の意義についてルターの教説を再興させた。だがルターが信仰を強調したのに対し、キルケゴールは信仰にもとづく実践を、キリストの模範に従う行為を強調した。そこから当時のルター派教会に対して鋭い批判が向けられ、当時の教会が文化的楽観主義に陥っていることを指摘し、真のキリスト教には、神と人との質的差異性と徹底した罪性の認識、またイエスの要請を真剣に受けて殉教者となる精神がなければならないと説いた。

単独者の重要性

キルケゴールのキリスト教的な実存思想の中心概念は「**単独者**」である。この点は彼の『わが著作活動の視点』を見れば明らかである。単独者はひとりとして神の前に立つ存在であって、大衆の不真実と対立し、また単に思考のみによる一般者や類的な概念の哲学を解体し、みずから実存することを通してのみ真理を証しする証人である。この単独者は「唯一者」と似ているが本質を異にしている。次にこの相違点を唯一者との比較によって説明してみたい。

近代的自我の究極の姿はシュティルナー（Max Stirner, 1806 - 1856 青年ヘーゲル派の代表的な哲学者の一人。）の「唯一者」とキルケゴールの「単独者」の概念を比較してみると、明瞭になる。この唯一者と単独者はともに近代的自我の「限界概念」である点で共通しているが、前者はエゴイストとニヒリストを、後者は孤高の信仰者を示すことによってその相違点が明瞭となる。

キルケゴールの「単独者」は言葉だけでは「唯一者」と似ており、概念によっては捉えられない実存する個体を問題にする。それゆえ単独者は唯一者の世界に接しており、両者の道は通じているが、単独者の実存の道は非常な隘路《あいろ》（狭くて険しい、通行が困難な路）となった。『わが著作活動の視点』で彼はいう。

単独者とは宗教的見地からいえば時間、歴史、人類がそれを通過すべきカテゴリーである。……わたしは賤《いや》しい召使としてできるだけ多くの人々に彼らがこの隘路、「単独者」を通過するように誘いかけ招きよせ尻押しをしたのである。この隘路は何人も「単独者」たることなくしては過ぎることはできない（田淵義三郎訳、創元社版「キルケゴール選集」第8巻、144頁）。

この単独者の道は精神の覚醒であり、彼は永遠者なる神の前に立ってのみ、真の実存にいたるという。この最後の点でキルケゴールはシュティルナーと決定的に対立している。単独者は永遠的なもの、最高の目標のために一人になったのであって、唯一者のように地上の現世的な財を一人占めして享楽するためではない。また唯一者が「このわたしが万物の尺度である」と主張するのに対し、単独者は「この単独者という人生観こそ真理である」と述べても、それにすぐ続けて、「真理こそまさしく神の目の前以外で、神の力添えなく、神の立会いなく、神が中間規定であることなくしては、伝えることも受けとることもできない。神こそはその真理である」（前掲訳書、133頁）と付言するのを忘れない。すなわち単独者の人生観は一人ひとりの実存をとおして伝達されるため、だれも主体的真理の伝達に耐えられない。だから、わたし自身が単独者であるなどと主張しない。

もちろん、キルケゴールはそのために戦ってきたのであるが、まだそれを捉え得ないがゆえに、戦いつつある。「しかも、最大の尺度に照らすなら『単独者』は人力を超えたものであることを忘れずにいる一人として」（前掲訳書、143頁）という。

このように「唯一者」の道は「単独者」につながっている。しかし、単独者はその精神の最深の深みにおいて近代的自我を乗り超えている。それは近代的自我によって見失われた「他者」の発見である。この他者はキルケゴールにおいては永遠の「絶対的他者」なる神であって、目の前に現存している者はこの他者にいたる妨げになっている「他人」にすぎない。だから次のように説かれた。

各人は「他人」と交わることに注意深くあらねばならない。本来語り合うのは神と自分自身とでなければならない。何故ならばただ一人して目的地に達するからである。さらにいうならば、人間は神性とつながっているのである。また人間とは、とりも直さず神性とつながることである。（前掲訳書、126頁）

キルケゴールは実存の深みにおいて神と出会っている。『恐れと戦《おのの》き』では信仰の騎士が神に向かって二人称の「汝」でもって語りかけている。だが、この関係も現実の人間関係を断ち切ることによって、彼が婚約者との関係を断ち切ることによって達せられる「単独者の隘路」においいてしか成立しない。本当は、彼女との具体的関係を携えて神に向かうべきであったのにと言わざるをえない。とはいえキルケゴールの単独者としての実存は、唯一者のように自己目的ではなく、そこを通って神と人との前に向かう通路であることが明らかになった。このことは『現代の批判』のなかで彼が現代の大衆化現象と対決する実存の単独者の立場を説きながらも、実存は大衆化の波の中にあって目立たないものとして獲得されると主張しているところにも明らかである。というのも神の前における実存は、すべての人に平等である普遍性をもち、普遍的で目立たない実存にいたることこそ自己の責任であると考えたからである。ここに単独者は翻って大衆に奉仕する隣人愛の担い手となった。こうして大衆はそこから離脱して単独者となる実存の背景ではなくて、大衆のなかにあってこそ真人間たる自己は存在する。

実存弁証法の展開

キルケゴールは単独者という宗教的実存への道を弁証法によって解明する。その際、彼はヘーゲルの弁証法は量的であり思弁的であると批判し、質的で飛躍によって発展する実存弁証法を確立した。ヘーゲルの弁証法は世界史の考察において自他のいっさいは同質なものに均等化され、量的相違による展開を問題にする。そこには自己の質的独自性と差異、自己自身の発展、倫理的真摯な態度、つまり「真剣さ」が欠けている。ヘーゲルは人間としてもっとも重要なこと、すなわち自己自身のことを忘れ、「世界史的に吼《ほ》え、体系的に吠《ほ》えている」。

このような批判によってキルケゴールは概念によっては決して捉えられない単独者としての実存を哲学的思索の中心に据えた。彼の天才的能力は憂愁・不安・絶望・罪・死によって全体として気分づけられている人間を弁証法的に三段階に、だが実存への生成の道として解明しているところに発揮された。この三段階は人間学的区分によって示される。このことは『死にいたる病』では地下室と1階と2階とからなる家の構造によって次のように語られた。「人間はだれでも、精神たるべき素質をもって創られた心身の総合である。これが人間という家の構造なのである。しかるに、とかく人間は地下室に住むことを、すなわち、感性の規定のうちに住むことを、好むのである」（『死にいたる病』桝田啓三郎訳、世界の名著、474頁）。

この感性が人間の全体を支配するとき、美的段階が成立し、快楽主義的人生観とか状況に関与しない無関心な審美主義的人生観とかが現われる。『誘惑者の日記』にはこの段階の完全な姿が叙述されており、倫理的段階にいたって初めて実存的になり、他者に対する責任ある生き方が問われる。ここでは普遍的道徳を形成する一般的理性の働きが人間を支配する。しかし人間という家の構造の最上階は「精神」であり、心身の総合としての精神がいかにして確立されるかが問題になる。代表作『死にいたる病』の本論の初めのところに精神が一つの総合として捉えられ、人間の実存が「関係としての自己」であると規定された。彼は言う。「自己とは、ひとつの関係、その関係それ自身に関係する関係である。……自己とは関係そのものではなく、関係がそれ自身に関係するということなのである。人間は無限性と有限性との、時間的なものと永遠なものとの、自由と必然との総合、要するにひとつの総合である」（前掲訳書、435―436頁）と。

このように心身の総合として人間は精神であるが、所与としての心身関係をいかに生きるかによって精神が生成する。だから、ここで「関係」と「関係する」つまり「関係行為」とが区別され、「関係する」態度決定や決断が自己形成にとって最も重要な働きとなる。ところでこの著作では精神が自己にかかわる仕方によって絶望の状態が生じてくるが、このような関係に精神を置いた永遠者との関係において絶望の克服が可能となる。こうして「関係としての自己」は「自己内関係」と「神との超越的関係」の二重構造をなし、前者の心理学的・実存的解明から後者の神学的・実存的解明に発展する。その際、絶望の克服は自己内の可能性を超えているがゆえに、神の授ける神的可能性たる信仰が求められる。ここに信仰か否かの選択と「飛躍」によって実存弁証法が成立する。

したがってキリスト教は、各自の単独者に向かって言う、「あなたは信じなさい」すなわち、「あなたはつまずくか、それとも信じるか、いずれかをすべきである」と説く。それ以上は一言も言わない、それにつけ加えることは何もない。信仰によって神との関係を回復することでわたしたちは宗教的実存に達するが、このとき絶望は根絶される。この自己の状態は「自己自身に関係し、自己自身であろうと欲することにおいて、自己は自己を措定した力のうちに透明に根拠をおいている」と語られ、これはまた「信仰の定義」でもあると説かれた。

実存弁証法はキルケゴールによって美的・倫理的・宗教的な三段階をとおって発展すると一般に考えられているが、弁証法が三つの領域において展開するというのはヘーゲルの哲学的な区分（論理学、自然哲学、精神哲学）に従っている構想である。彼の実存弁証法はすでに論じたように単独者を中心にしているので、単独者として大衆的な現存在から離脱して自己となる主体性へ、さらに主体性のもつ非真理性から転じて「神の前に」立つ宗教的実存への方向をとって展開したといえよう。このことは『死にいたる病』で解明したように自己が自己内関係と自己超越関係の二重性から動的に発展し、自己が自己に関係することを通して自己の超越にいたるという「実存」概念の明白な規定と内的動態が構造的に把握され、後代の実存哲学への決定的影響を与えた。ただキルケゴールはキリスト教的思想家として「自己の超越」は自己を超えた「永遠者」なる神との関係で達せられると確信しており、そこに人間にとっては理解を超えた逆説や躓き、またそれゆえにこそ信仰が必然的に要請された。

神の前に立つ宗教的実存をキルケゴールは説き、神に対し信仰という人格的関係に立つように勧めたが、同時に他者に対しても積極的に働きかけるべきことをも勧告する。それは大作『愛のわざ』に展開する隣人愛の教説に明らかである。神の前にすべての人は隣人として平等に規定されるのみならず、実存者は自ら他者に対して隣人となることが強調される。同時に彼は隣人が自ら神との信仰の関係を回復するように働きかける。ここに愛のわざがあって、感覚的な自然的な愛は自己否定する愛によって退けられる。それは人間の間の愛の関係の中に神が中間規定として介入してきており、神との信仰の関係を媒介としてのみ真の人間関係は成立すると考えられたからである。また「子どもの結婚は醜い」と彼がいう場合、それは直接的な愛が欲望の充足を求めて、他者の人格を無視するからである。

キルケゴールの実存思想は単独者をかかげ、個人の実存的自覚をめざめさせる限り、個人の自主独立性もしくは自我の発見に出発した近代思想の極致であるといえよう。しかし、そこには個人の人格性があの大衆という「**水平化現象**」による挫折をくぐりぬけ、それを突破して、真の自己存在を回復しようとする積極的姿勢が見られる。

水平化現象とは何か

キルケゴールによると「大衆」が水平化現象を引き起こす。これをキルケゴールは次の「公衆」概念によって次のように捉えた。

水平化がほんとうに成り立ちうるためには、まず第一に、ひとつの幻影が、水平化の霊が、巨大な抽象物が、一切のものを包括しはするが実体は無である何物かが、ひとつの蜃気楼が作り出されなければならない。この幻影とは公衆である。情熱のない、しかし反省的な時代においてのみ、それ自体が一個の抽象物となる新聞に助成されて、この幻影が出現しうるのである。感激にみちた時代には、情熱に燃えて騒然としている時代には、国民が一切のものを強奪し破壊しようという、実りを結ぶことのない荒涼たるイデーを実現しようとする場合でさえ、そこにはけっして公衆というようなものは存在しはしない。そこにあるのは党派であり、そこにあるのは具体物である。そのような時代においては、新聞は党派の分裂に応じて具体的な性格をおびる。しかし、坐業《ざぎょう》にたずさわる人たちが空想的な錯覚をつくり出す危険に格別さらされているように、情熱のない、坐っていがちな、反省的な時代は、新聞というものが、それ自体は無力なものであるにもかかわらず、その無気力な生活のなかに一種の生気を保持する唯一のものだということになると、この幻影を育てあげてくることになろう。公衆こそ実の水平化の巨匠なのである。思うに、水平化に近い現象が生じてくる場合には、なにものかによって水平化されるのであるが、公衆は奇怪な無だからである」。

(『現代の批判』前掲訳書、72頁)

これに続けて次のように言われた。「公衆は、古代にはけっして現われることがない概念である」(前掲訳書、73頁)。また「一世代、一国民、一国民議会、一共同体、男一匹、これらはなにほどかの意義をもつものであるのだから、あくまでも責任を負っており、無定見であったり無節操なことをやったりすれば、それを恥じるということもありうるが、公衆はどこまでも公衆のままである。一国民にしても、一議会にしても、一個の人間にしても、もはや以前と同じものではないと言わざるをえないような変わり方をするかもしれない。ところが公衆のほうは、まるきり正反対のものになることができるし、しかも正反対のものになりながら以前と同じもの——公衆なのである。しかし、まさにこの抽象物とこの抽象物の教訓によって、個人は（自己自身の内面性によってすでに教育されている人間でない場合には）、まだ堕落してしまってはいないかぎり、宗教性という最高の意味において自分自身に、そして自分と神との関係に満足するような人間に教育され、相互関係を保ちながら存在している個性をもった具体的組織をことごとく食い尽くしてしまう公衆に同調することをやめて、自分自身との一致を心がけるような人間に教育されるのである」。（前掲訳書、76—77頁）

こうして宗教改革者ルターが自己を確立したように、「神の前に立つ個人」として宗教的な内面性を獲得して、自分と神との関係に満足するような人間に教育されるようになる。

どんな人間でも傑出した人と絶対に同等の権利をもっている、公衆がもっているいくつものゼロの先に、もうひとつ自分のゼロを一つ付け加える権利を絶対にもっているのである。「公衆は一切であって無である」。これは現代の「無形の大衆」に他ならない。キルケゴールの実存思想の特質は近代の終末を物語る暴徒としての「無形の大衆」（本書96頁以下参照）の出現を予言者的洞察をもって見抜き、大衆化した社会の中で自己喪失に陥った人間の人格とその尊厳を取り戻そうと努めた点にある。それゆえ力点がもっぱら単独者の上におかれ、個人主義的主観性が前面に現われている印象が強いにしても、キリスト教思想の近代における重大な役割を教えたことに疑いの余地はない。

キルケゴールの思想はデンマーク語の制限もあってか当時のヨーロッパ社会には反響がなかったが、20世紀に入ってからシュレンプ（Christoph Schrempf, 1860 - 1944 神学者。『キルケゴール全集』十二巻の独訳者として知られる。）の独訳と共に新しい思想運動を巻き起こすことになる。

[談話室] わたしが実存思想から学んだもの

現代は実存主義の次に来る時代である。その意味は実存主義が生命を失ったというのではなく、そこから新しい展開をはじめてゆくべき時に来ているということである。わたしが大学に入学し、哲学に初めて触れたころ、キルケゴールを中心とした実存哲学は人気があった。わたしを指導した先生方も彼の実存弁証法に立って思索していた。わたしたちはキルケゴールかニーチェを、あるいはマルクスをさかんに論じたものであった。わたしは高校生の頃からキルケゴールの『死にいたる病』を熟読していた。もちろんわたしは主としてヨーロッパの中世と近代初頭の思想を学んできたのであるが、ここではわたしの専門の話をするのではなく、学生時代の問題を、とくにどのようにキルケゴールを受容したかについて考えてみたい。

キルケゴールの「単独者」の思想は近代の主体性の哲学が達した極致であるといえよう。おそらくもう一つの極端な姿はマックス・シュティルナーの「唯一者」の思想であろう。この両者はヘーゲルの概念によって把握される「一般者」に対決して主張されたものであるが、個別者を説く点で一致していても、その到達した帰結は全く相違していた。つまり単独者が愛の殉教者になるのに対し、唯一者はエゴイストにしてニヒリストに終焉するのである。

近代哲学は「自我」の哲学といわれるほど理性によってのみ立つ自律的主体を強調してきた。しかし、この自我はシュティルナーにおいて説かれているように「唯一者」としてのエゴイストであり、世界をすべて自己の「所有」とみなすものにまで変質している。ここに近代的個人主義が自己本位の個我主義（エゴイズム）に変質している事実に留意すべきである。「自我」の主張は当然のことながら、「他者」を押しのけ、その自己主張欲のゆえに、あるいは自我の圧倒的優越性の下に、「他者」を、他者との「共同」を、そして人間の本源的「共同性」をも、覆い隠してしまったといえよう。他者を問題にしているような場合でも、他者を「他我」「もう一つの自我」（alter ego）として自我と同質なものとみなし、平均化しており、他者のもつ根源的他者性を無視している。この点は他我の知覚理論としてあげられる「類推説」（ディルタイ）、「感情移入説」（リップス、フッサール）、「一体感説」（シェーラー）を検討してみればただちに明らかになろう。

他方、実存哲学は自己存在の平均化できない独自性を強調して来たのであるから、自己と同じく他者の根源的異他性を認めるべきであった。ところがキルケゴールからハイデガーにいたる展開は他者を世人としてとらえ、実存を損なうものとして敵対してきた。したがってキルケゴールの生活に即して言うなら、彼は婚約者レギーネとの関係を断ち切って、単独者として神につながる信仰にいたるのではなくて、彼女との関係をたずさえて神に向かうべきであったのである。なぜならキリスト教の神は三位一体の交わりの神であり、神と人、人と人々の「関係」として交わりを創造するからである。

人間をこのような「間柄存在」として捉えようとする傾向は実存哲学の内部からそののち起こってきている。たとえばレーヴィットの『共同的人間の役割における個人』における共同存在と個性の概念に、マルセルの『存在と所有』における他者への「忠実」と「捕捉」の思想に、「希望の現象学」における「絶対的汝」の思想に、またブーバーの名著『我と汝』における対話的思考にこのような新しい実存の理解が表明される。

わたしたちはみずから欲したのではない間柄のなかに生を享け、ここから出発しなければならない。しかし始原の「正」は内に「反」の契機をもつゆえに、この関係は固定的ではない。この原関係の外に立ち、単独者となるのが実存の第一の行為でなければならない。しかし、単独者となるのは自覚的に関係行為をとるためであって、自己は他者に向かって積極的に関わりをもつにいたる。この間柄存在は実存にとって原関係からの分離であっても、実存は成熟して他者関係を担う実践的な主体となることができる。

キルケゴールにみられる実存弁証法は美的・倫理的・宗教的三段階を飛躍的に発展するが、単独者が開かれて他者に向かうように、他者と社会に向かって発展するものとなる。ちょうど青年が主体的に自己の確立を目ざして歩みながらも、やがて社会に関与し、共同の生を担うことによって成年へと成熟してゆくのと同じ事態である。

このように考えてみると実存弁証法の発展というのもわたし自身の実存史の歩みと重なっていることがわかる。青年時代に大学で学んだ哲学思想をわたしなりにこのように発展させてゆきたいといつも願ってきた。

6　実存主義との対決——実存概念の批判的検討

現代は思想史的に見るならば、近代の終末というべきであり、これまで考察してきた近代に生じた理性的自律の主体としての自我が、今日、問題的なものとして再考を迫られていると言えよう。それはおそらく近代の主観性の哲学が強力な自己主張と圧倒的優越性の下に蔽い隠してしまった「他者」を、再びとりもどし、体得することに他ならないであろう。なぜなら「自我」の主張は当然のことながら、「他者」を押しのけ、「他者」の根源的な異質性を無視して、「他者」を「他なる自我」「もう一つの自我」として平均化するからである。それゆえわたしたちは「実存と、他者」という問題を提示して、近代的人間の特質を批判的に検討すべきである。そこに「と」で結ばれた二者は元来相互に密接に関係をもっているので、どちらか一方を切り捨てて、具体的ではなく、抽象的に捉えるべきではない。しかし、それにも拘わらず、いずれかの側に原則として立つか、あるいは強調点を置くかに応じて、思想も自ずから性格を異にしてくる。

実存哲学の問題点

このような実存哲学の他者理解に共通している事態は、個人がそれぞれ独立し、自己のうちに存在を確立している点である。二つの世界大戦による絶望的経験と価値秩序の全面的な崩壊に直面して、頼りになるものは自己以外に何もないと感じられる時代が到来すると、人々は哲学の最深の地盤を一人ひとりの孤独な存在の深みに求めざるを得なかった。キルケゴールの遺産はこのような状況のもとに受容された。ところが他者に対する理解になるとハイデガーの「顧慮」、ヤスパースの「交わり」、サルトルの「対他存在」が示しているように、他者も自己と同様なものとして扱われ、他者も自己と同じくそれぞれの実存にいたるように自らを模範とも、例証として公開するという態度がとられてきた。このこと自体がいかに真実であり、説得的であっても、思考の単位としては個別者の実存がどこまでも完徹されており、「実存と他者」の間に秘められた独自な存在関係が解明されず、無視されてしまった。たとえ個人と他者との間に実存的な交わりがきわめて短い一瞬に成立しても、この交わり自体の基礎に立つ新しい思想はそこからは起こってこない。

これまでの実存哲学では自己存在を確立しようとして他者関係を断ち切る離脱によって実存が形式的に規定され、他者との間に生じる文化・歴史・世界は非本質的なものとして排除されてしまった。ハイデガーでは世界は道具的存在様式と事物的存在様式から、したがって、技術的有用なものと意味なき裸の現実から把握されているにすぎない。こうした日常性から脱出し、自己変容を獲得してから実存は翻って世人（俗人）の世界に自己投入することが説かれた。このような世界に向けての実存の投入には、空虚な異常生活者やハイデガーに見られたように、**ナチズム**の権力主義を是認する危険性をはらんでいた。そこには歴史・文化・経済・政治の現実から目を放し、自己の私的な生活を享受しようとする老獪《ろうかい》さが認められる。

このような結末は他者との関係交渉を断ち、個人のプライバシーに閉じ籠もり、せいぜいマイ・ホーム主義ぐらいに安んじてしまう。このような人たちは世界に隠れ家を求めながら、秘かに週刊誌などによって他者の行動に異常なまでの関心を隠しもつことになる。今日のわたしたちの生活は確かにこのように堕落している。

ところが前巻の『キリスト教思想史の諸時代Ⅵ 宗教改革と近代思想』（２０２２年）で解明したように、他者との関係の中ではじめて自己たりうるという社会的自己の意識は、実は**ヘーゲル哲学**においてはじめて明確になった。彼は自己意識は他の自己意識との相互承認の関係のなかでだけ真の自己確信に達すると考えた。この意識を社会的な存在へと還元したのがマルクスであり、彼は人間・自然・社会を全体的に把握し、人間は自然に働きかけて生産する労働によって自己の本質を実現する個別者でありながら、同時に共同存在として**類的な存在**（人間というのは相互の生産共同体において他人とともに共同生活を営む社会的存在）であると考えた。だが、本当は他者との現実的な出会いとその関係のなかでこそ、人間は自己の独自性と責任性の自覚に達するといえよう。したがって労働のみならず言語を通して、対話の中で自らを他者によって批判修正しながら自己を確立するのではなかろうか。

それゆえ他者関係のこのような人間学的前提を否定して、孤立した自己存在を主張することは、独我論に陥る危険性がある。他者関係の社会性は実存哲学が主張するように自己の確立を脅かす外観を呈することがあっても、日常生活における他者との関係は自己を確立する上で不可欠な要素である。だからキルケゴールはマルクスが説いた「社会性」という一般者から脱出し、自ら例外者の単独者として生きようと決意したが、まさにそのことが返って他者に対し自己献身的に生きるパトスを生みだした。キルケゴールの実存はその本質において他者なる神との関係に立つ「神の前に立つ個人」であるが、この神学的前提から離れていくのが**実存哲学の世俗化**であって、そのことは彼らの「実存」の概念規定の中にも明瞭に看取される。そこでは神に向かう超越ではなく、日常的な自己が本来的な自己に向かって真の自己となることが「超越」であると説かれた。

それに対してキルケゴールの**実存の規定**は、そのまま神に対する信仰の定義であった。彼は言う、「自己自身に関係し、自己自身であろうと欲することにおいて、自己は、自己を措定した力のうちに透明に、根拠をおいている」(『死にいたる病』桝田啓三郎訳、世界の名著、437頁)と。

ヤスパースも、ハイデガーと同じく、その著作『実存哲学』のなかで、このキルケゴールの実存の規定に忠実に従いながらも、実存を次のように定式化することによって世俗化した。すなわち「実存は自己自身に関係し、そのことにおいて超越に関係する自己存在である。この超越によって自己存在は自らが贈られたものであることを知り、超越の上に自らの根拠をおくのである」。このようにヤスパースにはたとえ超越者の思想に有神論的性格が認められとしても、それは次のハイデガーへの移行の過渡的段階である。このようにしてキルケゴールの規定が形式的に残っていても、これも消えていくようになる。このことはハイデガーの『存在と時間』のなかに表明された実存の規定によって明らかとなる。彼は次のように言う。

現存在がそれへとこれこれしかじかの態度をとることができ、またつねになんらかの仕方で態度をとっている存在自身を、わたしたちは実存と名づける。……現存在は、おのれ自身を、つねにおのれの実存から、つまり、おのれ自身であるか、あるいはおのれ自身でないかという、おのれ自身の可能性から、了解している。この二つの可能性を現存在はみずから選んだか、あるいは現存在はそれら二つの可能性のうちへとおちいっているか、それともそのつどすでにそのうちで生長してきたかのいずれかである。

(『存在と時間』原・渡辺訳、世界の名著、80頁)

このようにしてハイデガーは自己存在との関係のなかで人間的現存在を問う**基礎的存在論**を確立する。だが、その思想は次のようにサルトルによって極端なまでに明確化された。

わたしの代表する**無神論的実存主義**はいっそう論旨が一貫している。たとえ神が存在しなくても、実存が本質に先立つところの存在、何らかの概念によって定義されうる以前に実存している存在がすくなくも一つある。その存在はすなわち人間、ハイデガーのいう人間的現実であると、無神論的実存主義は宣言するのである。実存が本質に先立つとは、この場合なにを意味するのか。それは、人間はまず先に実存し、世界内で出会われ、世界内に不意に姿をあらわし、そのあとで定義されるものだということを意味するのである。実存主義の考える人間が定義不可能であるのは、人間は最初は何者でもないからである。人間は後になってはじめて人間になるのであり、人間はみずからが造ったところのものになるのである。……人間はみずから造るところのもの以外の何者でもない。以上が実存主義の第一原理なのである。（『実存主義とは何か』伊吹武彦訳、人文書院、16—17頁）

キルケゴールに典型的に示されたように、人間は世界から逃れ、孤独のままで交わりをもちうる神を求めてきた。しかし最後に人間は神に向かうことができない状態に達した。ニーチェの「神は死んだ」という言葉の根底にあるものはこのような状態であって、人間は自分自身のみにかかわる以外にない。これではキルケゴールの実存思想の世俗化を意味する。そればかりか人間は傲慢不遜にも自己の創造者なる神にまでなった。この自己の絶対化は必然的に他者理解に反映する。それゆえ実存概念は他者の問題を通して徹底的に批判検討されなければならない。

実存哲学から対話の哲学へ

現代は実存哲学の次に来る思想を要請していると考えられる。現代の実存哲学は第一次世界大戦以後、人間の存在を脅かす疎外の事実に直面して説かれ始めたもので、進行していく社会組織の機械化と生産の合理化および集団主義的な非人格化の傾向に反対し、これに挑戦して、人間の主体性と自由とを守ろうとする抵抗と解放の哲学であり、人間精神のうちに人間の依って立つ究極の地盤を確立しようとした。しかし、他者との共同世界に対する態度と理解に示されていたように、共同的世界に目を向けていても、究極的には脱世界的に行動し、他者を愛していても究極的には非人間的に対処する単独者の基盤に共通して立っている。

　ところが単独者と成る実存の実現は、実存哲学においても決して自己目的ではなかった。実存は世界と他者に対して開かれていても、単独者として実存する場合には、単独者という自己の限界を超えていくことは原則的に不可能であった。近代哲学は単独者の狭き道（隘路）を通過しなければならなかったのである。わたしたちはこの道を通って広い場所に導かれるはずであったが、暗い小径の中でそこへと連れていってくれる導者を遂に見いだすことができなかった。

　わたしたちは単独者としての実存は成熟して他者との共同的世界を担う実践的な主体となると考えたい。実存哲学が日常性とその問題性のゆえに否定し、拒否した共同的世界を再び、その本来的な姿でもって捉え直し、近代的自我および実存の主張がその優位と支配の下に蔽い隠してしまった現実を取り戻すべきであろう。それは人間存在の社会的共同性の自覚に他ならない。共同的世界はその日常的な問題性のゆえにひとたび否定されたが、今や否定した実存の挫折をくぐりぬけて再び肯定されるように要請される。だが、その場合共同的世界の根拠となっているものが新しく認識される。これこそ**人間の共同性の自覚**にほかならない。この認識と自覚によって実存自体が成熟し、共同的世界の創造的要素としてこの世界を担いかつ形成し、その行為によって人格としての完成を目ざすべきである。

共同的世界に参加し、これを前進せしめる人間が**共同的人間存在**なのである。このような特質はさまざまな観点から考察することができる。だが、ここでは、実存哲学のなかから実存哲学を批判しながら新たに人間存在の共同性を追究している試みを採りあげ、キリスト教の観点から人間存在の共同性とその倫理が説かれた点を考察し、**対話の哲学**という観点から新しい人間理解への手がかりを求めることを試みてみたい。

このように個人はもはや孤立した存在ではなく、「共同的人間」(Mitmensch)として把握され、そこに展開する「相互存在」は、ハイデガーのいう堕落した世人なのではない。「世界内存在」として現存在は、相互的に他者に直接かかわりながら、親密な間柄をそこに創り出し、他者はここではその固有の意味でもって把握されなければならない。したがって他者と関係する相互存在は人間の本質に属していることになる。このように相互に自律した者の間の関係は、ハイデガーの直弟子カール・レーヴィット（Karl Löwith, 1897 - 1973 ドイツの哲学者。ドイツ系ユダヤ人。日本で教鞭をとったこともある二十世紀を代表する哲学史家。）が『共同的人間の役割における個人』の冒頭でカントの友情論を手がかりに分析したように、他の人格に対する尊敬と親しみという、相反する二つの契機から成立する。だが、相互に独立している在り方を強調する限りで、「我」が再び「その世界の中心」となっており、ひとたび発見された「汝」としての「他者」が「我」にとって構成的ではなくなってしまう（詳しくは金子晴勇『人間と歴史――西洋思想における人間の理解』272―275頁参照）。

マルセルの実存理解

そこで実存哲学の中でもキリスト教的色彩を帯びたマルセル（Gabriel Marcel, 1889 - 1973 フランスの劇作家、哲学者。キリスト教的実存主義の代表格。）の実存思想を参照してみたい。彼は人間の共同的存在へ向かって思索を集中させ、哲学体系の樹立よりも、体系的哲学が見過ごしがちな具体的事実の把握に向かい、そこにおのずと現象しているものを主題として把握し、「実存」を「自己の外に出る」、「自己を開く」脱自的、超越的行為によって理解し、「自己と他者」、「出会い」、「汝」、「交わり」、「忠実」、「希望」などを通して人間の本来の姿を探求した。

マルセルは『存在と所有』のなかの「形而上学的日記」で思考の本質について省察し、思考が絶えず他者に向かい、本質的には自己自身に関係づけられているのではないと主張した。「思考は決して思考自身との関係ではなく、反対に本質的に自己超越である。したがって真理の実在論的な定義の可能性は、思考の本性そのものの中に含まれている。思考は他者に向かうものであり、他者を求めるものである」。このような思考の本質は神との関係でよく示される。「神に祈ることが、全く疑いなく、神について考える唯一の方法である」とあるように、無限者を考えるとき、わたしはそれとの間に一種の共同性、親近性、一つの avec（共に）をたてる。つまり、一つの汝への実存的対向性が思考のなかに起こってくる。このような宗教的関与によって彼は実存的「捕捉」の本質を明らかにする。この「捕捉」というのは、神の実在を把捉することをまず意味しないで、「忠実」のなす応答であるという。「忠実はその外観にもかかわらず決して自分自身に対する忠実ではなく、わたしが捕捉と呼んだものに繋がる」。そして最高の出会いの地平では「汝」が「我」に対し構成的であるのみならず、人間は生まれながら他者の間に存在する。他者による確認がなされる際には自我の排他的感情が起こるが、本質的な存在の感じは実存している感情であって、それは他者による承認の下で自己意識へと分化する。それゆえ、他者はわたしの意識の中でその位置が変わりやすいが、わたし自身の不可欠の部分である。

このようなマルセルの思想をいっそうよく理解するために『希望の現象学と形而上学に関する草案』（マルセル著作集4『旅する人間』所収、春秋社）の中に語られている「希望」を例にして彼の思想の特徴を指摘したい。「わたしは希望する」という表現は、救いの方向を目ざしており、現実は暗黒の試練という状況下にある。それに反し希望には、希望しているのは個人であるにしても、個人化できない側面がある。それゆえ「わたしは希望する」の根源には「わたしはあなたに希望する」が本来的形式として存在する。こうした希望があらゆる制限を超越した絶対的希望の存在論的考察にマルセルを向かわせる。絶対的な希望についてこう言われる。

絶対的希望とは、被造物がいまある自己の一切を、ある無限なる存在から受けており、なににによらずある制限を課そうとするなら躓きになるということを意識するとき、彼がその無限なる存在に対して行なう応答として現われるものである。この絶対的な「汝」は、その無限の寛容さのうちにわたしを虚無から救い出してくれたのであるが、この「汝」の前にいわば身を沈めるときわたしは絶望することを永遠に禁じられているように感じる。この絶対的な「汝」こそわたしが自己自身をもって構築する都市、しかも経験が悲劇的なかたちで証し立てているように、それ自体灰燼《かいじん》に帰する能力を付与されている都市の中心にあるものなのである。（『希望の現象学』山崎庸一郎訳、「現代の信仰」平凡社、277頁）

希望は授ける者と受ける者との授受の相互作用の「交わり」と結びつき、それに反し絶望は孤独と結びついている。絶対的希望は絶望の直中に出会う「絶対的汝」に依存している。それゆえ希望の相互的愛のなかに人間は本質的に変革される。「この相互的愛、この交わりの**現存**こそ、わたしを自己自身に結びつけている絆の性質を根本から変貌させるに足るものなのである」。希望は主体を越えて他者との共同、つまり「わたしたち」のなかで生じる。この「わたしたち」のなかで出会う者は最内奥まで変革され、その愛徳に近づく。この「我と汝」の共同存在をマルセルは「現存」(présence 編注:「本来的在り方〔現臨〕」)と呼んでいる。「この現存は〈わたしたち〉のなかに受肉され、その〈わたしたち〉のために、〈わたしは汝に希望する〉のである。すなわち、この現存は、わたしがその不壊《ふえ》なる(堅固で、こわれないこと。)ことを宣言する〈交わり〉のなかに受肉するのである」。この現存は人間の「内面的しなやかさ」のなかに現われており、キリスト教的愛の現象に見られる。

マルセルがキリスト教的実存主義の今日における代表者であるとすれば、これに対立するのがサルトルの**無神論的実存主義**であろう。サルトルの哲学は既述のように自己から出発し、いっさいを自己から測る主我主義であり、主体のみを強調する自我中心主義であって、そこには「我」しかなく、「汝」も「わたしたち」も「愛」もない。それに対しマルセルの哲学は、実存主義のなかでも全く新しい共同性の立場にたっており、キリスト教の宗教的経験を手がかりとして人間の共同存在への解明をなしている点に優れた思想を見ることができよう。

ブーバーの対話思想　ブーバーはマルセルと同様の傾向を対話の哲学として確立した。彼は不朽の名著『我と汝』によって主観主義的な実存哲学の方向を決定的に転換した。彼の新しい対話的思考が主観主義と集団主義とをともに超えて共同性の自覚に達していることを『人間とは何か』を手がかりにしてここではまず考え、社会的なものと区別される「**間の領域**」について『人間の間柄の諸要素』から考察してみたい。

ブーバーはキルケゴールから現代の実存哲学にいたる思想を批判的に検討し、次のような見解を述べた。キルケゴールの下で神との存在的関係が他者へ向かう開かれた実存を形成しているのに対し、現代の実存哲学、とくにハイデガーでは自己存在が欠如していることに不安を感じていても、他者とのかかわりが見失なわれ、「汝」は存在しない。他者関係の日常性や問題性のゆえに、他者に対する本質的関係の事実が見落された。この現実的関係に入るため、「汝」の完全な実現のために、単独者となることにこそ実存の意義がある。

人間とは何かという問いは、実は人間的人格がすべての存在との本質的関わりの考察を通してのみ答えられる。しかし個人主義も集団主義もこの関わりを実現しえない。個人主義は個我という全体の中の一部分としての人間を自己自身との関わりにおいてのみ見ており、集団主義は集団に参加している部分だけの人間を見ていて、人間そのものを見ていない。「前者において人間の顔は歪められ、後者においては覆われている」。人間の本来の姿は「人間と共にある人間」であるが、個人主義も集団主義も「他者との共感を求める、かのしなやかな人間の側面」を抹殺するか鈍化させている（『人間とは何か』児島洋訳、理想社、172頁）。真の共同体の回復こそ今日の問題であるが、そのためには個人主義か集団主義かの二者択一を破棄しなければならない。純粋な単独者も純粋な社会もともに抽象的なものにすぎない。「単独者は、他の単独者との生きた関わりに踏み込む限りにおいて実存的事実である。全体社会は、生きた関わりの単位によって自らを構成する限りにおいて、実存的事実である。人間的実存の基本的事実は人間と共存しつつある人間である」（前掲訳書、174頁）。この事実を、彼は「間《あいだ》」（Zwischen）の範疇で表わし、それは対話的状況の中に存在している「人間的現実の原－範疇」である。「対話的状況がふくんでいる最も強力な瞬間には事象をめぐる円の中心は個人性の上にも、社会性の上にもなく、ある第三者の上にあるということが紛れもなく明らかとなる。主観性の彼方、客観性の此方、我と汝とが出会う狭い尾根の上に、間の国は存在する」（前掲訳書、177頁）。

「間の領域」の五つの特徴的要素は『人間の間柄の諸要素』で次のように剔出《てきしゅつ》される。

(1)「社会的なもの」と区別されて語られる。社会的なものは非人格的集団へと個人を監禁しており、人格的関係の要素は純粋に集合的要素により抑圧されている。「集団的な相互共存は個人的な相互対向への傾向を抑止することを心がけている」(『人間の間柄の諸要素』佐藤吉昭訳、著作集2、みすず書房、89頁)。間柄のなかに生きる人間の出会いは、二人の人間がこの特定の他者として、生活の相手として経験されるものであって、決して「対象」として外側から観察されるものではない。

(2) サルトルの「まなざし」の考えには、あるがままの自己ではなく、ある人がどのように思われたいかという「像」の「仮象」が見られる。人間の間の領域には真実なあるがままの自己の公開が重要な要素をなしている。「問題は人間の間柄の真正さにある。それが存在しないところでは、人間的なものすら真正ではあり得ない」(前掲訳書、96頁)。

(3) 人間の間柄にはさらに対話における「人格の現前化」(前掲訳書、102頁)が属し、対話的に交わる用意のある一人の人間としての他者にわたしが根本的にかかわるとき、他者はわたしのもつ現存となる。他者へ向かって飛降し、相手と関係する共同的に生きる相互性によって人間の間柄は開花する。

（4）このような対話は宣伝から区別される。宣伝では他者は人格としてかかわられることなく、我が物とする対象として強制的であるが、それに反し教育は他者の力を信じて開発的である。強制と開発は人間の間柄のなかで生じている出来事であるが、そこには人間の現存在の創造として自己がたえず問題になっている。「人間間《かん》の開発的機能、自己としての人間の生成への助け、創造にかなった人間の自己実現への相互互助、これが人間の間柄をその高みに導くのである」（前掲訳書、110頁）。

（5）こうして真の対話では言葉が真の言葉となって、自他に還元できない著しい「共有の実」が生じる。「言葉は基本的共存在の力学によって、その深みの中に捉えられ、開発される人々の間で、くり返して実体的に生じてくる。人間の間柄はさもなければ未開発に終わるものを開発するのである」（前掲訳書、113頁）。

ブーバーの対話の哲学は非常に多くの影響を後代に残した。この哲学の流れとブーバー自身の位置とは彼の『対話的原理の歴史』のなかで詳しく説かれた。彼の業績は今後ますます評価されてゆくと思われるが、共同的人間存在の実存的解明の基礎を与えたものとして決定的意義をもつ点は全く疑いの余地がない。

〔談話室〕カフカとの対話

ある時『カフカとの対話』の著者ヤノーホが約束もしないで突然カフカをその務めていた事務所に訪ねた。そのような訪問の無礼を詫びたとき、カフカは次のように語ったとのことである。

予期しない訪問を邪魔だと感じるのは、どう見ても弱さのしるしです。予期しきれぬものを怖れて逃げることです。いわゆる私生活の枠に閉じ籠るのは、世界を統御する力に欠けているからです。奇蹟を逃れて自己限定に走る——これは退却です。生活とはとりわけものと共にあること、つまり一つの対話といっていい。これを避けてはいけない。あなたはいつもお好きなときに来ていいのです（吉田仙太郎訳）。

わたしはこの言葉のなかから次の四つの問題点をとりだしてみたい。⑴予期しない訪問。⑵奇蹟を逃れて自己限定に走る。⑶生活とはものと共にあることである。⑷生活とは一つの対話である。

わたし自身「対話」について真剣に考えざるを得なかったきっかけは大学紛争であった。対話集会を求める学生の心が、他者の言葉に耳を傾けることのない独白となっているのに気づき、そこに若い世代の危機を感じたからである。ヘルメットに竹竿のスタイルで教室に乱入し、教授会を粉砕し、自己の主張をどこまでも押し通す者たちは、わたしにとりまことに「予期しない訪問者」であった。どうしたら彼らと話し合うことができるのであろうか。この否定的事態を克服すべく試みるうちに、わたし自身が対話の生の流れのなかにあることにふと気づいたのである。カフカは予期しない訪問者を邪魔者扱いにする態度のなかに弱さのしるしを見ている。そこに彼は人生を怖れて退却する人の生き方を見る。

対話のなかの奇蹟とは、対話している当事者に還元できないものが、対話的生命の結実として、いわば「共有の実り」として、人格と人格との間の領域に生じてくることをいう。そこには個人の側から考えられる可能性を超えた「より以上のもの」が対話的生の高揚として与えられる。人と人との間に対話の生命が流れているとき、人は世界に生きている充実感をもつ。それに反し自己のうちに閉じ籠ると人間の本来の能力が凋《しぼ》んでしまう。それはちょうど人間の顔と同じである。他者に向かって心を開き、挨拶する人の顔は美しく輝いているが、知人に向かっても心を閉じ目を伏せる人の顔は暗くゆがんでいる。「各人は、よりすぐれた自己において、他人を心からもてなす」とギュスドルフ（George Gusdorf, 1912 - 2000）が『言葉』（みすず書房）という著書で述べているとおりである。つまり他者に向かうことによって人格の可能性が大きく開花するのである。

近代の認識論は「もの」に触れていないと批判されている。実際、それは強力な自我の意識に立って、対象よりも、対象を認識している意識そのものの分析に終始してきた。そのため対象物、ここでいう「もの」に触れる直接的経験をないがしろにしてしまった。認識論で説かれる「主観」はただ観るだけの主体であって、一方的に見ているため、モノローグ（独白）的となり、他方「対象」のほうも単に見られる客体になりさがり、主観に働きかけない死せる物体として処理される。こうして「もの」との生ける交流は完全に死滅してしまった。「もの」はもはや人間を育て庇護する「母なる自然」ではなくなり、環境破壊は進行し、人間自体にまで破壊の魔手はのびている。

このような危機に直面してはじめてわたしたちは、「生活とはとりわけものと共にあることである」のに気づくのである。では「ものと共にある」ことはいかにして実現するのであろうか。それは何よりも近代科学が自然を一方的に処理し、覆ってしまった人工的理念の厚いヴェールをはがして、「もの」との直接の触れ合いに立ち返ることによって達せられるといえよう。実際、科学以前の詩人や子どものなかにこのような触れ合いが見られる。詩人は「もの」との対話的交流のなかに生きている。ものは自分で語る術をもっていない。そこで、ものは詩人の心に意中を告げ、詩人を通してすべての人に語りかける。

さて、カフカは「生活とは一つの対話といっていい。これを避けてはいけない」と語って、対話の生活から逃避することを諌《いさ》めている。人生のさまざまな困難に直面したとき、それに向かって対話をあえて試みることが真の意味で生きるということであろう。幸い教師は形成途上にある若い人たちを相手に関係の世界を生きることが使命として与えられている。大人の利益社会が、ブーバーのいう「それ」に満ちていて、子どもや青年もなかば強制的にその枠に入れられているが、人間の自然本性のうちにあらかじめ与えられている対話の能力を開発してゆくことは可能である。この能力を開発し、十分に発揮させることは教育の大きな目標とみなすべきであろう。対話を育てる教育は同時に知識を生ける源泉から歓ばしいものとして体得させる。こうして学校生括のなかで歓ばしい知識をとおして教師と生徒、生徒と生徒とが人格的関係に立ち返るならば、学校は対話的精神により甦るであろう。こうして生徒は学校が好きになり、特に用事がなくとも教師を訪ね生活をともにし、対話したいと願うであろう。そのとき教師はカフカと一緒に一人ひとりの生徒に言うであろう。「あなたはいつもお好きなときに来ていいのです」と。

7　現代のキリスト教神学

第一次世界大戦後の荒廃したドイツの思想界にキルケゴールの実存思想は多大の影響を与え、哲学、神学、文学の領域に新しい思想を形成すべく大きな衝撃を与えた。これによって哲学ではヤスパースやハイデガーなどの**実存哲学**が誕生し、神学ではバルトを中心に**弁証法神学**の運動が興り、20世紀のキリスト教思想を形成した。

この時代には自由主義神学と呼ばれたハルナック（Karl Gustav Adolf Harnack, 1851 - 1930）やトレルチ（Ernst Troeltsch, 1865 - 1923）、リッチュル（Albrecht Benjamin Ritschl, 1822 - 1889）やヘルマン（Johann Wilhelm Herrmann, 1846 - 1922）などの影響も大きかったが、第2次大戦後のヨーロッパではカール・バルト（Karl Barth, 1886 - 1968）にはじまる弁証法神学が圧倒的な影響をキリスト教思想史に与えた。

カール・バルトの弁証法神学とその批判

第1次世界大戦後の1920年代にドイツで興ったプロテスタントの神学運動は**弁証法神学**とも**危機神学**とも呼ばれる。それに参加した神学者は神の主権とその自由を主張し、人間的な体験や内面性を排除するわけではないが、これらを基礎づけるものとして神の自己啓示を主張した。それはバルトによってはじまった。

バルトの基本的な主張　カール・バルトは19世紀後半から支配的であった自由主義神学の人間中心主義的な傾向に対し、キルケゴールの「神と人間の無限の質的差異」という観点を導入し、神の啓示であるキリストを中心とする神学、つまり「**神の言《ことば》の神学**」を確立した。初期の代表作『ローマ書』第2版（1922年）の序文で彼は次のように言う。

もしわたしが一つの「体系」をもっているとするなら、それはキルケゴールが時と永遠の「無限の質的差異」と呼んだことを、その否定的意味と肯定的意味とにおいて、できるかぎりしっかりと見つめることである。「神は天にあり、汝は地上にいる」。この神のこの人間に対する関係、この人間のこの神に対する関係が、わたしにとっては聖書の主題であると同時に哲学の全体である。

（バルト『ローマ書講解』上巻、小川圭治・岩波哲男訳、平凡社ライブラリー、30頁）

神と人間との質的断絶を基調とする実存弁証法的な思考は、神中心の神学形成にとって決定的意味をもっていたが、やがてバルトは神学の基礎を実存におく立場と対立するようになった。彼の神学思想の特質は神学をあらゆる人間学的前提から解放し、もっぱら「神の言」の上に基礎づけようとする点にある。それゆえ彼は科学・文化・芸術に対する実証的態度、神秘主義との共感、感情を強調する宗教哲学の誤謬から神学を解放し、宗教改革者の説く聖書の預言者的な教えに立ち返るべきであると力説した。彼は神の絶対的主権と超越とを力説し、人間理性をも含む自然の能力によって神を把握しうると仮定する、内在主義の神観を批判し、とくにシュライアマッハーの神学を鋭く論駁した。また彼は堕罪以後人間性が悪化していることを強調し、人間の無限の可能性を信じる自由主義的な人間観を拒否し、自然神学は成立しえず、神の啓示はただイエス・キリストにのみ認められ、神の言葉は神と人間との間にある深淵的に隔絶された距離を橋渡しする唯一の手段であり、これによってのみ神との交わりが可能であると説いた。彼はまた地上において神の国を実現することを夢想する楽観主義的な歴史観とも対決し、何らかの形でキリスト教と近代文化とを調和させようとする文化的プロテスタンティズムを批判し、文化との断絶を説き、人間の罪ある現実に立って「神の言」の受肉における終末論的出来事を力説した。

しかし、このような文化と断絶した立場から「有限は無限を捉えることができない」との原理にもとづいて神と人間との非連続性がバルトによって説かれると、それはプラトン主義の二元論であるとの非難が彼の思想に向けられるようになった。実際、このように考えると歴史や人倫や文化などの固有の意義が失われ、十字架が人間の可能性のすべてを審判し、新しい世界の啓示である復活は全くの奇跡となり、まさしく「上からの垂直線」(Senkrecht von oben) が強調された。

バルトは1932年以来、死にいたるまで超大作『教会教義学』を書き続けた。教義学とは教会が自己の土台たる「神の言」を正しく宣教しているかどうかを吟味することである。現代のプロテスタント神学に与えた彼の影響は絶大であり、今日のキリスト教思想を代表する神学者の一人である。

ブルンナーのバルト批判と論争

ブルンナー (E. Brunner, 1889 - 1966) は最初バルト神学を支持する神学者であり、いち早くシュライアマッハーを批判し、宗教における内在主義とキリスト教神秘主義に反対し、バルトの弁証法神学の運動に参加した。だが彼は『自然と恩恵』(１９３４)を書き、バルトを批判するに及んで、両者の対立が顕在化し、彼らは分かれ、弁証法神学の統一が失われた。ブルンナーは神の啓示を受ける人間には「応答責任性」という自然的素質が授けられており、これが「神と人間との結合点」となっていると説いた。これに対しバルトは『否』という論文で答え、神によってのみ信仰が授けられると反論した。さらにブルンナーは『出会いとしての真理』で神と人との応答による出会いにもとづいて人格主義の思想を確立し、客観主義でも主観主義でもない聖書の真理の性格が応答的責任性にあると主張した。

バルトはブルンナーが主張する「結合点」についてバルトも「人間における神の像は、神の言に対する現実的結合点を構成する」ことを認めるが、それは「キリストによって現実的死から生に呼びさまされた、したがって〈回復〉された、つまり〈新しく創造された正しさ〉(die neugeschaffene rectitudo) である。それが今や現実的に神の言に対する人間の可能性である」(Karl Barth, Dogmatik, I, S. 251 近藤定次『バルト神学における神と人』新教出版社、145頁) と言う。そしてこの現実的可能性は信仰において与えられるがゆえに、「この結合点は信仰においてのみ現実的である」と反論した。

この論争に対して一般的に言えることは、バルトが神の側から神学的に思考したのに対し、ブルンナーは人間の側から神のわざを主体的に理解しようとした、ということである。確かに神からの霊的な働きがなければ、人間には何ごとも起こらないが、人間の側の信仰による受容がないなら、救いは現に起こりようがない。

しかしバルトは初め人間学に対して否定的な思想を表明してきたが、神がキリストにおいて人間を愛するという永遠の決意を実現したものとして人間の創造を理解することから人間性を肯定し、孤立した生き方を罪とみなして、共同存在を力説するようになった。プロテスタント神学に共通の傾向は、人間のこの共同性をイエス・キリストの存在に厳密に関連づけている点に求めることができるが、バルトがこれをもっとも強力に説いた。

ゴーガルテン神学の意義　初期のバルトに同調したが、やがて決別した神学者のなかにはゴーガルテン（Friedrich Gogarten, 1887 - 1967）がいた。彼は対話の視点から実存概念を把握し、それを神学の中心に据えることを主張した。このゲッティンゲンの組織神学者はトレルチの歴史主義への批判から出発し、バルトの弁証法神学の運動に加わり、そこから文化や歴史に対する新しい解釈を提唱した。彼はルター研究を土台として神との応答責任性に立つ人間理解に立って神学を築くようになり、バルトと別れた。しかしゴーガルテンは近代の主観性を批判する視点から、つまり実存主義とはと正反対の見地から実存を明らかに説いた。彼は代表作『我は三位一体の神を信ず』の中で次のように主張した。「神の言葉は人間を一般的に考えず、そのつどの歴史における具体的人間をつねに考えている。……人間の現実性は、つねに彼に或る汝が出会い、そして彼はかかる応答責任性から解放せられないということにある」（『我は三一の神を信ず――信仰と歴史に關する一つの研究』坂田徳男訳、長崎書店、284―285頁）と。彼によるとこの応答責任性は「他者から呼びかけられることにおいての外に人間が現実をもたない」という意味であって、「総じて人間は他者への関係においての外に現実をもたないことを意味する」（前掲書、281―282頁）と彼は主張した。したがって他者への関係を自由なる白我から主張することはこの事実を否定することを意味する。こうして実存主義が根底から批判され、対話から自己の理解が開始することが主張された。

このような「対話」という新しい根源的な人間の間柄の自覚と理解から神学が説かれたのは近代的自我の極致であったキルケゴールに始まる実存主義を決定的に超克したことを意味し、そこにはブーバーが発見したのと等しい新しい人間観が認められる。

聖書学者ブルトマンの神学

なお、その初期においてはバルトの協力者であったブルトマン

（Rudolf Karl Bultmann, 1884 - 1976年）もその実存論的神学のゆえにバルトと訣別した。ブルトマンはマールブルク大学の同僚ハイデガーの実存哲学の影響を受け、共観福音書の様式史的研究と実存的思惟とを結びつけた。彼は『共観福音書伝承史』、『イエス』、『新約聖書神学』などの著作によって現代を代表するキリスト教の神学者となった。彼によると福音書の伝承は原始キリスト教団の信仰の所産であって、歴史上のイエスに帰せられるものは少なく、イエスの生涯を歴史的に再構成するには不十分である。歴史研究にもとづくこの懐疑は、わたしたちに宣教されたキリストに対する**実存論的解釈**への転向となっている。

ニーバー兄弟とティリッヒの神学

なお、アメリカでも現代のキリスト教が大きく発展するようになった。それはラインホルド・ニーバーとリチャード・ニーバーの兄弟によって実現された。

ラインホルド・ニーバーの神学　ニーバー（Reinhold Niebuhr, 1892 - 1962）は『人間の本性と命運』全2巻（1941―43）を著わし、アウグスティヌスとマックス・シェーラーの人間学の影響によってキリスト教人間学の全体を組織的に解明した。その特質だけを挙げてみよう。彼が第一に指摘するのは人間の自己超越の能力である。彼は言う、「キリスト教人間観は〈神の像〉という教説において、人間の精神的能力における高度の自己超越性を強調する」（ニーバー『キリスト教的人間観』武田清子訳、新教出版社、202頁、訳文は一部変更）と。ここに指摘される「自己超越性」こそ彼の神学の基礎となっている概念である。だがそれはシェーラーが主張した「世界開放性」をも超えて、自己が世界を超えている意味を捉える「自由な主体」である点に求められる（ニーバー前掲訳書、217頁）。またニーバーはこの理性を超出する精神の能力を神秘主義の霊性に認めており、しかもこの観点を主としてアウグスティヌスの思想から学び取った（ニーバー前掲訳書、218頁参照）。

また彼によると人間の有限性それ自身は人間の悪の根源とみなすべきではない。彼は人間の有限性を神の摂理として捉える。精神をその無限性のゆえに善とし、身体をその有限性ゆえに悪とする二元論的な人間観は、罪の源を身体的で本能的なものへ還元しようとすると説いた。そうすると人間を自己に対して責任を負う主体として捉えることができないばかりか、魂の深淵に潜む根源的な問題を掘り起こし、問い直すこともできなくなる。ここから悪の根源が人間の弱さという有限性にあるのではなく、「自己超越性の能力」としての主体的な意志の傲慢に求められた。なぜなら神の像にしたがって造られた人間は、堕罪以前においては、最大の創造性と最大の破壊性とを同時に合わせもつ自由な存在であったからである。

したがって人間は自然の生きものであるが、同時にそれを超出し、有限と無限とを総合する力をもっている。人間は自然を超越することのできない動物と異なり、自己と外的世界とを区別し、人格としての他者を意識する。そこに彼はキリスト教的な「精神」の作用である霊性を見いだした。

リチャード・ニーバーの倫理学

リチャード・ニーバー（Helmut Richard Niebuhr, 1894 - 1971）はラインホルドの弟であり、キリスト教倫理学の領域で優れた業績を残した。その学説は『キリストと文化』（日本基督教団出版局、1967年）のような文化論で有名になっただけでなく、その著作『責任を負う自己』は「責任倫理」の観点から「応答的人間存在」を把握し、それにもとづいて新しい人間学を確立した思想家として脚光をあびた。彼は倫理の主体を人間における責任性に置くことによってこれまでの倫理学にはなかった新しい観点を打ち出した点で注目に値する。とくに彼は先に考察したバルトの「共同的人間」を「対話的人間」に見られる応答的責任性において把握しようと試みた。

このような責任性は次の四つの要素から成立する。
①応答――これは身体的反射や反応とは相違して他者の行為に対して解釈・理解・関係づけをもって対応する行為である。
②解釈――このような応答行為は、他者との間柄に立って互いの態度と評価とを解釈することに依存し、その解釈にもとづく応答行為が生まれる。
③何ものかに対する責を負う責任性――責任というのは、ある行為がわたしたちの応答を予期してなされるかぎりで生じる。
④社会的連帯性――社会を継続的に形成している作用、つまり相互作用の中で、ある行為に対する応答が生じるとき、それは真に応答的である。なぜなら「人格的責任性とは応答がなされている行為者の共同社会における連続性を意味する」(『責任を負う自己』小原 信訳、新教出版社、79頁)からである。

このような「自己」の理解は、キリスト論的でも実存哲学的でもなく、責任性と社会性が自己の根源的経験として与えられている経験的事実から把握された。この意味で人間学的である。彼の人間学は現代の社会心理学、対話の哲学、社会学、文化人類学の歩みにもとづいているため、きわめて説得力があった。

ティリッヒの哲学的神学と人間学

パウル・ティリッヒ（Paul Tillich, 1866 - 1965）はシュライアマッハーの伝統を引き継いで人間存在の問題と神学とを関係させることから哲学的神学を組織的に確立した。彼はドイツに生まれ、マールブルク大学で哲学と神学を講じたが、同時にドイツ宗教社会主義運動の理論的指導者として活躍し、ナチ批判を行なったため追放され、アメリカに移住し、ユニオン神学校で哲学的神学を講じた。その主著は『組織神学』全３巻（谷口美智男、土居真俊訳、新教出版社、１９６９年、１９８４年）である。

彼の思想は現代の政治的・歴史的現実への強い関心から生まれ、ドイツ哲学の教養と思索の深さとがアメリカに亡命後は世界的な視野の広さによって組織化され、同時に実存的性格を堅持した優れた神学を確立した。

彼によると神学の任務は、イエス・キリストに現われた永遠の真理の規範と変化する歴史的現実の諸問題とのあいだを調停することにある。そのため彼は神学と哲学のあいだで両者が触れあう境界線上で思索を展開させた。哲学は人間の歴史的存在の解明によって究極的な問いを提起するのに対し、神学はこれに対しキリスト教のなかに与えられている使信をもって応答する。このように哲学的問いと神学的答えとのあいだには相互依存の関係があり、これにもとづいて神学思想を叙述する方法は「呼応（相関）の方法」（method of correlation）と呼ばれた。それゆえ人は「責任をもって」世界に対処できる。ここから文化と歴史についての新しい解釈が生まれ、彼が属しているプロテスタンティズムの文化は「**神律文化**」であると説かれた。それは世俗的ヒューマニズムにみられる自己満足的な**自律文化**や中世後期のカトリックにみられる教皇無謬説のような**他律文化**に対比して、神律とは実存の究極的意味が思想や行動のあらゆる相対的な形を通して輝くような文化であると規定された。

[談話室] バルトとバルメン宣言

バルメン宣言(Die Barmer Theologische Erklärung)はドイツ教会闘争の歴史で注目すべき画期的な出来事として今日でもなお注目すべきものと思われる。この宣言は1934年5月29–31日に、カール・バルトの草案にもとづいて作成された。この宣言はドイツのバルメンにおける第1回信仰告白会議で、ルター派・合同派・改革派の代表者の全会一致によって採択されたもので、「ドイツ福音主義教会の今日の状況に対する神学的宣言」として発表された。

バルトの草案に基づく6項のテーゼは次のようであって、それぞれ聖書引用・告白命題・棄却命題から構成された。ここではテーゼだけをあげると、

(1) イエス・キリストのみが神の唯一の啓示であって、服従すべき唯一の御言葉である。
(2) 彼は全生活の領域を支配する神の力である。
(3) キリスト教会は彼の言葉とサクラメント、また聖霊によって活動する共同体である。
(4) 教会にある職位は他者を支配する根拠にはならない。
(5) 教会は神が支配する言葉に信頼し、服従する。

⑹ 教会への委託はキリスト自身の御言葉と御業とサクラメントによって奉仕しながら、神の自由な使信をすべての人に伝えることである。

（雨宮栄一『バルメン宣言研究』日本基督教団出版局、15—22頁参照）。

当時E・ヒルシュによって代表されるドイツ神学者たちは、戦前と戦中にかけて、全体主義的な国家社会主義に迎合して、ナチの思想との一体化によって「ドイツ国家の中に神が働く」という歴史認識を提唱していた。これにはドイツの国教会（ランデスキルへ）をナチの暴政からどうしても護らなければならないという大問題が背景にあったといえよう。それゆえ領邦教会が自己保身的であったと簡単に非難することはできない。彼らも一致団結して教会の特権を守ろうとしてドイツ福音主義帝国教会の創設に当たったのであった。ところが根っからの無神論者であってニヒリストであったヒトラーは初めからこのような運動を問題にさえしなかった。

しかし、それでもバルメン宣言やその他にダーレムの会議での宣言などはボンヘッファーのような教会闘争を引きおこしたのであった。

8　ヒトラーのファッシズムとの対決——ボンヘッファーとヴェイユ

第一次世界大戦後ドイツはヒトラーの独裁政権の時代を迎える。それは人類史上最悪の時代となったが、その原因として「大衆と独裁者」との関連に注目し、人間における一つの変化を指摘することができる。「大衆」は元来民主主義を支える優れた基盤であったが、同時に「群衆」としていつしか「暴徒」になることも生じる。ここに大衆概念の恐るべき世俗化がある。この大衆を指導し、扇動する者こそカリスマ的指導者、それは時に独裁者であって、このエリートの操作と扇動によって大衆運動が社会の方向を決定するようになった。そのさいエリートによる正常な指導がない場合には大衆は混沌とした「無形の大衆」つまり「暴徒」となる。

ヒトラーのファッシズム

ヒトラー（Adolf Hitler, 1889 - 1945）は、オーストリアに生まれたが定職につくことなく、第一次大戦前ウィーンとミュンヘンで傑物になる夢想を抱き、それを蓄積する日々を送った。彼はこの偉大な人物になるという幻想をワーグナーの歌曲を土台にして夢見ていた。ミュンヘンで彼は、自分の才能を巧みな大衆操作によって発揮できる機会を捉えて、自己の妄想を実現できると感じるようになった。第一次世界大戦後、労働党に入党し、世界恐慌による社会の混乱に乗じて1921年に国家社会主義ドイツ労働者党（ナチス）の党首となる。合法的な手段によって1933年に政権を獲得し首相となり、その翌年には総統となる。全体主義的な独裁体制を確立し、1939年には第二次世界大戦を引き起こしたが、敗戦直前に自殺する。

彼の思想のなかにはその初期から社会ダーウィン主義、狂気に近い人種的偏見、ヨーロッパ東部地域侵攻論、反ボリシェヴィキ思想、そして反ユダヤ主義などがすでに芽生えていた。ところが彼は陰険な集団主義の闘争ではなく、ただ自分の天才的な着想によって社会のはみ出し者や失業者たちに軍服を着せ、彼らを「無形の大衆」である暴徒となし、彼の命令に盲従する組織の中に入れることによって、長年懐いてきた幻想を実現させようとした。そこにはワグナー愛好者のオペラ的発想によって山積する問題を一挙に解決しようとする劇場型の政治が実行に移された。彼は大衆を軍隊秩序のなかに組み入れ、一体化された秩序を確立した。そこに見られた「軍隊式の命令と指揮の構造は、総統ヒトラーの立場を正当化する役割を担った。こうした軍隊組織を彼は自分のためにことごとく導入しようとし、総統たる自分に対する絶対服従を要求する」（シュヴァニツ『ヨーロッパ精神の源流』小杉克次訳、世界思想社、279頁。もちろんそこには彼の狂信的論理といえるユダヤ民族排除の法律「アーリア条項」が導入され、この組織を使ってアウシュビッツで典型的に実行されたような恐るべきユダヤ人絶滅が実行に移された）。

こういう独裁者の特色は大衆に命令を一方的に下し、ばらばらな無形の大衆が彼の命令によってその都度形を与えられて動くロボット集団と化す点に求められる。ヒトラーは『わが闘争』のなかで「世界史上のすべての革命的大事件は、語られた言葉によってもたらされた」と語って、言葉の意義を誇張し、大衆は彼の演説により魅了されるとともに、彼も大衆から電流にふれたような衝撃をうける。実際、「命令されることを嫌う者は命令することを好む」といわれる。現代の独裁者ヒトラーでもそうであり、彼は人々を大衆運動と戦争状態のなかにおき、軍隊的日々命令によって人々を操作する。このことをスイスの評論家ピカート（Max Picard, 1888 - 1963）は次のように語った。

彼（ヒトラー）は不遜にも、自己の周囲の人間たちだけではなく、自己自身をも創造した神でもあるかのように自惚れて、得意であった。だが、彼は決して言葉によって世界を創造した神、また自身が言葉であった神ではなかった。彼は偶像――その正体が日々命令であるところの偶像――なのであって、日々命令の偶像として自己自身を創造し、日々命令の拝跪《はいき》者として人間たちを創造したのである（『われわれ自身の中のヒトラー』佐野勝也訳、みすず書房、78頁）。

「日々命令」によって自己を偶像に創造したヒトラーは、その命令によって人間とその集団を無形の混沌状態から一つの形や秩序にまでその都度創造する。だがヒトラーがこのようにドイツに登場できたのには、民衆の心の中にある種の空白が起こっていたからである。つまりこれまでキリスト教社会を長い年月にわたって導いてきた信仰（霊性）が空洞化していたからである。そこには信仰の世俗化が進行しており、その歩みはキリスト教が力を失うにつれ、信仰の替わりに哲学・歴史学・社会学・生物学の順に支配権が交替されていった（金子晴勇『近代人の宿命とキリスト教――世俗化の人間学的考察』聖学院大学出版会、192―195頁参照）。しかし救済の希望は世俗化が進んでも生き続けており、知識人たちは哲学のみならず、普遍史にも社会学にも救済を求めた。ところが学問は信仰の対象ではないから、その正体は偶像として暴かれ、その地位を失墜していった。その過程の終末には生物学が覇権を握ることになった。しかもそれによって「人種の優越」を誇る生物主義的な世界観が一世を風靡し、ナチス一派がアーリア人種を最優秀民族とし、ユダヤ人を抹殺する人種理論の神話が登場した。

この人種理論がヒトラーにおいて現代の政治神話を生み出したが、そうした神話と呪術が発生する地盤が先立つワイマル時代に準備されていた。この時代をつぶさに体験したカッシーラー(Ernst Cassirer, 1874 - 1945 ユダヤ系のドイツの哲学者、思想史家。新カント派に属し、〝知識の現象学〟を基礎にしながら、シンボル＝象徴体系としての「文化」に関する壮大な哲学を展開した。)は『国家と神話』の中で文化人類学者マリノフスキー(Bronisław Kasper Malinowski, 1884 - 1942)の研究にもとづいて神話発生の根拠を解明した。神話が人間の社会感情や社会生活全体に浸透し、機能するには特別の理由があって、「人間が異常な、危険な状況に直面しなければならないときに、神話はそのまったき支配力をもつにいたる」(『国家の神話』宮田光雄訳、創文社、368頁)。それは人間の生来の能力ではまったく手に負えないようにみえる課題に直面する場合にのみ、現われてくる。「そして現代の政治的神話は、まさにそうした絶望的な手段であった」(前掲訳書、369頁)。このような「最後の論拠」(ultima ratio)として人は奇跡的な、神秘的なものの力に頼らざるをえなくなる。ヒトラーの第三帝国の神話はこうして要請され、大きな力を発揮するに至った。

この神話は「無形の大衆」というルサンティマン(怨恨または復讐感情と訳される。)に冒された心情には、唯一の救いと映じた。しかもこの救いは神を自認した悪魔化した霊から生まれた神話の産物であり、この無神論に対決して反撃が起こってきた。そこにわたしたちは現代の霊性の「悪と対決する」特質を捉えることができる。それは社会正義の諸問題に注目することからはじまる。こういう霊性の形態は「預言者的・批判的パラダイム」と呼ばれる（シェルドレイク『キリスト教霊性の歴史』木寺廉太訳、教文館、243頁。詳しくは金子晴勇『キリスト教霊性思想史』523—528頁参照）。たとえばディートリヒ・ボンヘッファーやシモーヌ・ヴェイユの霊性思想にそれが表出されている。

現代は第2次世界大戦を経験し、キリスト教は政治的な弾圧のもとに苦しめられ、ヨーロッパ的な霊性が破滅的な影響を受けた。そのなかで、こういう恐るべき権力に対決する霊性が立ち上がってきたことは注目に値する。この点をドイツにおけるナチ政権の暴政に対決したボンヘッファーとユダヤ人であるがゆえに亡命を強いられたシモーヌ・ヴェイユの霊性思想をここでは採りあげて考察してみよう。

ディートリヒ・ボンヘッファーの霊性

ボンヘッファー（Dietrich Bonhoeffer, 1906 - 1945）はルター派の神学者で、ナチスのもとで政治的

1945年4月日フロッセンビュルク強制収容所で処刑されたボンヘッファー。

な殉教者となった（ブレスラフに生まれたボンヘッファーは、傑出した知的・芸術的な家庭の出身であった。彼はテュービンゲンとベルリンで神学を学んだ）。彼は現代の厳しい状況の下で霊性と神学との関係を追求した思想家であった。とりわけ彼によって宗教改革以後の霊性思想が理論よりも実践において神と隣人に奉仕する歩みに結実している点が明瞭に示されたといえよう。彼はマルティン・ルターの根本的な神学的・霊的な洞察を継承し、それが脆弱《ぜいじゃく》化しているドイツ教会に対して批判的であった。彼はその著作『服従』でルターの教えが「安価な恩恵」に転落している事実を指摘し、キリストの弟子としての生き方を回復させようとする。

キリストの弟子としての服従の正反対な生き方は「神からの逃亡」に他ならない。そこでこの時代の思想家で逃亡者のモチーフを追求した既述のピカートの『神よりの逃走』を参照してみよう。彼によると昔の神からの逃走と今日のそれとでは根本的に相違する。かつては信仰が前提されていたので、逃走には決断によって信仰から意図的に離脱し、逃走体制を創りだす必要があった。ところが今日では事情が逆であって、信仰の世界は崩壊し、人間は逃走の世界にはじめから置かれ、ただ生きることは逃走を意味する。逃走がこのような世界の構造として定着してしまっているため、逃走を忘れている場合でも、それはなされていることになる。これは今日の社会が目的合理性によってつらぬかれ、たとえば学校が固有の意義を失い、一つの過程となり、通過点として走りぬかれ、より上級の学校もしくは社会へ向かって走るべき構造体をつくりなしている点を考えてみれば明らかとなる。ピカートによるとこの逃走の構造体が神と人間とのあいだに介在し、真空の無ではない「充実した無」となっている。だが逃走が生じるのは神が現に存在し、この堅固な存在からの跳ね返りとして逃走は大きくなってゆき得るからである。逆にいえば神が駆りたてるからこそかくも激しい逃走が生じているとも言えよう。

ここでは「神が逃走者たちを追跡しようとすること、それがまさに神の愛なのだ。神は彼らを追跡しながら彼らを追い越してゆく。神はいたるところですでに先着していたのである」。このようにピカートが言うこの追跡する神に服従する生き方がボンヘッファーの言う「深いこの世性」に他ならない。

そこで彼は1932年頃から神の追跡に服従する訓練を開始した。それはイグナティウス・デ・ロヨラの「霊操」(Exerzitien, Exercitia spiritualia)に倣うものであり、現代では枯渇したキリスト教にその霊的生命を回復させる試みであった(ボンヘッファーの蔵書にはイグナティウスの『霊操』が残存しており、その成果は著作『共に生きる生活』に表明され、共同生活の基礎として訓練された規則正しい聖書の読み方や瞑想が説かれている）。

ボンヘッファーは１９３９年に講演に赴いた合衆国に亡命する機会があったのに、すすんで開戦前のドイツに戻った。それは、彼が友人たちに語ったことによれば、自国のキリスト教徒と試練をともにするためであった。彼は地下活動に従事したが、１９４３年にヒトラーの暗殺計画に加わったとのかどで、ゲシュタポ（国家秘密警察）によって逮捕され、生涯の最後の2年間を刑務所で過ごし、処刑された。それは38歳のときであった。30歳の時に『共に生きる生活』の他、多くの書物を書き残し、迫害のなかでも著作活動を続け、なかでも『キリスト教倫理』という優れた著作を発表した。その他にも多くの著作を残したが、思想的には完成していなかった。それに対して学生たちを霊的に指導した『獄中書簡集：抵抗と信従』は特に優れており、霊性についても学ぶことができる。そのなかで彼は「非宗教的キリスト教」を説き、神への献身を訴えたが、彼の霊性思想も示されている。

僕はここ数年の間に、キリスト教の深いこの世性（Diesseitigkeit）というものをますます深く知りかつ理解することを学んだ。ちょうどイエスが——洗礼者ヨハネとは全く違って——人間でありたもうたように、キリスト者は、宗教的人間と言ったたぐいのものではなく、単純に人間なのである。僕の言うこの世性とは、教養人や活動家、不精者あるいは好色家の浅薄・卑俗なこの世性ではない。それは訓練を豊かに準えた深いこの世性であり、また、そこで死と復活との認識が常に現在的であるところの深いこの世性であると僕は思う。ルターはそのようなこの世性の中に生きていたと信ずる。

（『抵抗と信従』倉松 功、森 平太訳、新教出版社、260頁）

この言葉に続けて彼は13年前に一人の若いフランスの牧師との会話を伝え、その人が「僕は聖人になりたいのだ」と言ったことに強い印象と抵抗を覚え、「僕は信じることを学びたい」と語ったという。長い間この両者の対比がもつ深い意味がわたしには分らなかったが、聖なる生活の実践によって信じることを学びうると考え、ボンヘッファーは『服従』を書いた。その後、彼は「この世性の中に完全に生きぬくことによって初めて信ずることを学ぶ」ことを経験した。こう述べてから彼は「深いこの世性」（此岸性）について次のように言う。

聖人であろうと、悔い改めた罪人、あるいは教会人（いわゆる祭司的人物）であろうと、義人であろうと、不義なる人であろうと、病人であろうと、健康人であろうと、人が自分自身から何かを造り出すことを全く断念した時、それが僕の言うこの世性なのだ、つまり、課題と問題、成功と失敗、経験の探さと思慮のなさの積み重なりの中で生きることだが——その時にこそ人は、自らを全く神の御腕の中にゆだねるのであるし、またその時にこそ、もはや自分の苦難を意に介せず、この世における神の苦難を真剣に考え、ゲッセマネのキリストと共に目をさましているのである。それこそ信仰であり、「悔改め」であると僕は思う。そのようにして彼は人間になり、キリスト者になるのだ（エレミヤ45章参照！）。

このような信仰こそ現代の霊性思想をもっとも厳しい仕方でもって表明するものではなかろうか。かつてパスカルがメモに残したように、ゲッセマネのキリストの模倣に彼の霊性の特質が表明される。ここにわたしたちは神の苦難に与る道としてヒトラーのファシズムと対決する霊性思想の根源を見いだすことができる。彼こそキリストの弟子である。

シモーヌ・ヴェイユの霊性

シモーヌ・ヴェイユ（Simone Weil, 1909 - 1943 写真）はフランスのユダヤ系で不可知論者の家庭に生まれ、哲学を学び、それを教えたが、さまざまな社会的・政治的理由で1930年代を通して社会的に活動することになった。彼女は社会主義や共産主義の雑誌に寄稿し、工場で働き、スペイン内戦では共和国軍側についた。

キリスト教に強く惹かれていたが、彼女はその周縁にあって洗礼を受けなかった。この周縁性は彼女の預言者的な証言の重要な要素となった。彼女の背景を考えると予想外なことだが、一連の強烈な宗教的経験をし、それが彼女をキリストへと強く傾倒させ、ローマ・カトリックのキリスト教へと大いに共感させた。このヴェイユの霊的な旅における最も重要な瞬間のひとつは、1938年の聖週間をソレーム修道院で過ごしていたとき、17世紀のアングリカンの詩人ジョージ・ハーバート（George Herbert, 1593 - 1633）の詩を初めて知ったことによって生まれたと思われる。「愛はわたしを招き入れた」という詩は彼女に力強い影響を及ぼしたので、彼女はそこでの滞在中、瞑想のためにきまってそれを用いたのである。あるときその詩は、キリストのその場の臨在を力強く神秘主義的に経験する媒体になったと思われる。彼女は1942年にヴィシー政権下のフランスから合衆国にのがれ、その後ロンドンに赴き、自由フラン

ス政府のために働き、ナチスドイツに対するレジスタンス運動に参加し、フランスに落下傘で降下しようとさえした。だが彼女はその翌年にケントの病院で結核と飢餓のため没した。

シモーヌ・ヴェイユは『神を待ちのぞむ』の中で神への祈りと関連させて「注意力」という働きのなかに霊性の機能を捉えようとする。「神を待ち望む」というのはギリシア語のヒュポメネー（耐え忍んで）に由来しており、それは単なる「忍耐」でなく、もっと切実な思いをこめて、不在なるものを待望する態度を意味する。この待望を身をもって示した例として、たとえばギリシア悲劇に登場する弟オレステスを待つエレクトラが引き合いに出され、また、宴会に出ている主人を、戸のそばでじっと待つ奴隷の比喩が聖書から借用される。

ヴェイユでは「神を待ち望む」ことが霊性の特質となっている。他方、アイルランド人ベケット（Samuel Beckett, 1906 - 1989）の小説『モロイ』や戯曲『ゴドーを待ちながら（En attendant Godot）』に見られる、待つことは、第二次大戦以後の虚無的な生き方が背景となっている（本書92頁参照）。この戯曲では、やがて来るかどうか分からない神や救済を二人の浮浪者がひたすら待っている姿だけが浮き彫りにされる。この作品が対決しているのは、近代的知性のデカルト的な人間像であって、不確実なものを切り捨て、確実なものから出発し、因果関係の明らかなものだけを取り出すことが「考える」ことだとすれば、この芝居では「考える」というデカルト的原点は完膚なきまでに嘲笑される。言語でさえも、それを使ってしゃべるのは「考えないため」であり、会話は非連続に満ちている。そこには荒涼とした世界に生きている人間の姿しかなく、現代に見られる非人間化の極致が示され、「我苦しむがゆえに、我あり」という情念の内面が開示されている。
こうした精神状況に対しシモーヌ・ヴェイユの「神への愛のために学業を善用することについての省察」という文章には、学問研究における祈りや注意力から霊性が解明される。

キリスト教的にいかに考えられるべきかという問題を解く鍵は、祈りが注意力をもってなされるということである。祈りは、たましいにとって可能なかぎりの注意力をつくして、神の方へ向かって行くことである。注意力の性質は、祈りの性質と、大へん深い関係がある。単に、心が熱するだけではそのおぎないになることができない。祈りがはげしく、純粋で、神との触れあいが実現するようなときには、ただ注意力のもっとも高い部分だけが、神とそのように触れあっている。(『神を待ちのぞむ』田辺保、杉山毅訳、勁草書房、85頁)

注意力を育てる努力は霊的な意味で完全に効果を発揮しており、知性を導く霊的な光をもたらす。たとえば幾何学に携わっている人たちに起っている霊性の作用が次のように把握される。

何かある幾何学の問題を解くのに、真の注意力をもってがんばってみたが、一時間たって、はじめの頃とそんなに進歩していないように見える場合、それでもやはり、この一時間の中の一分一分ごとに、さらに神秘的な別の次元においては進歩してきたのである。そのことが感じられなくても、また、そのことが知られずにいても、表面上は不毛で、なんの果実も結ばないように見えるこういう努力が、たましいの中にかがやき出す光をはぐくみ育ててきたのである。その果実は、いつの日か、後になって、祈りの中にふたたびあらわれてくるにちがいない。（前掲訳書、87頁）

こういう「**待望する**」態度は信仰を支えてくれる最良の土台であって、神はパンを求めるならば、決して石を与えられることはないと確信することである。学問研究の場合には真理を把捉《はそく》する（しっかりとつかまえること。また、理解すること。把握。）能力の開発への願いをもって注意力を育成することが求められる。エスキモーのある物語の中では鴉《からす》の願いと光の授与とについて次のように語られている。「からすは、夜がいつまでもつづいて、食物を見つけることができないので、光がほしいと思った。そこで、大地は照らし出された」と。つまり光を求めて本当に願うなら、それは授けられる、と言うのである。したがって「注意力をこらしての努力があるところに、まさに本当のねがいがある。それ以外の動機が何一つなければ、まさに光そのものが、ねがい求められているのである」(前掲訳書、88頁)。人間の理解力を高めるのは意志の努力ではなく、真理に対する憧憬なのである。知性は欲望によって動かされるが、欲望が出てくるためには、楽しさとよろこびがなければならない。学ぶというよろこびは、走る人にとって呼吸が欠かせないものであるのと同じである。よろこびが欠けているところには学ぶ人はいない。

このような欲望が神の方に向けられると、魂を高揚させる運動となり、霊的生活への準備になる。この神秘的な高揚の道は神の到来を希求する人にのみ生じる。それゆえ霊性のもつ「注意力」とは、自分の思考を停止させ、思考を待機状態にし、思考を空しくして、対象へはいって行きやすいようにし、利用すべき既習のさまざまな知識を、自分の内部で思考のごく近くの、思考よりは低くて、直接に関係のない段階において保持していることである。……思考は自らを空しくし、待機状態にあって、何も求めないようでなければはならない」。なぜなら、自分で見い出すことができない「もっとも貴重な善は、求められるものではなく、待ち望まれるものである」から。

それゆえ霊的な指導者は、ランプの油を充分に用意し、知的な注意力を傾注して、信頼と熱望の思いをこめて花婿を待つ花嫁という魂の状態と似ていることを理解し、霊的な訓練を施さねばならない。

この準備がたとえばラテン語の学習によっても示される。「愛すべきこれらの若者たちひとりびとりが、ラテン語の翻訳をしているときには、その翻訳を通じていわば、主人が宴会に出ているとき、戸のそばで目をさまして待ち、耳をかたむけて、戸をたたく音が聞こえたらすぐに開けようと待ち構えているしもべとまさしく同じ状態に、少しでも近づきたいと思うようになってほしい。まさにそのとき、主人はしもべを食卓につかせ、みずからの手で食物を与えてくれるであろう」（前掲訳書、96頁）。

このような霊性の段階的な成長を促すためには緻密な手引きとしてアビラの聖テレサ、十字架の聖ヨハネのような神秘主義者の著作、イグナティウス・デ・ロヨラの『霊操』による訓練が不可欠である。したがって神秘主義者の霊的な修業とかキリスト教的愛が、現代においていかに可能となるかを具体的なプログラムとしてこの書は提示する。ここに霊性が「注意力」もしくは「神を待ち望む」機能として把握されている。

〔談話室〕ヒトラーの批判者と迎合者

第一次世界大戦後ドイツはワイマール文化の時代に入る。この時代にドイツで歴史上はじめて共和国が造られ、古い文化の観念を打破するような文化運動が沸き上がった。しかしそれにヒトラーの独裁政権の時代が続き、ドイツの歴史上最悪の時代となった。そこには一つの変化が起こり、民主主義を支える優れた基盤であった大衆が変質しており、群衆となって暴徒となった。ここに大衆概念の恐るべき世俗化があって、この大衆を指導し、扇動する者が登場する。これがヒトラーという独裁者であって、大衆はエリートによる正常な指導がない場合には、暴徒となる。

だが、ヒトラーの登場を許したのは先に述べたように、この民衆の心のなかに、ある種の空白が起こっていたからである。民衆の心にこれまで培われてきたキリスト教信仰の霊性が空洞化していた。そこにはキリスト教信仰の世俗化が進行し、これに代わって哲学・歴史学・社会学・生物学の順に支配権が交替した。ところが救済の希望は世俗化が進んでも生き続け、受容した学問に救いを求めても、その正体は偶像に過ぎず、その地位を失墜した。その過程の終わりに覇権を握ったのが「人種の優越」を誇る生物主義的な世界観であった。ここからナチス一派がアーリア人種のみを認め、ユダヤ人を抹殺する人種理論が登場することになった。

ヒトラーの第三帝国の神話はルサンティマンに冒された心情には、唯一の救いと映じたのである。しかもこの救いは神を自認した悪魔化した霊性から生まれたものであって、これに対決する反撃が起こってきた。この霊性の形態は「預言者的・批判的パラダイム」と呼ばれる（シェルドレイク『キリスト教霊性の歴史』木寺廉太訳、教文館、243頁参照）。その代表がディートリヒ・ボンヘッファーであった。

宗教改革の研究家オーバーマンはその論考「反ユダヤ主義のルーツ」でこのような問題をルネサンスと宗教改革の時代に遡及して論じた（『二つの宗教改革』日本ルター学会・カルヴァン学会訳、教文館、195頁以下参照）。彼はまず一つの原則を提示する。それはキリスト教が拡がったところには、キリストを殺害したかどで反ユダヤ主義の種が時かれ、まるでヘビのように、絶えずその装いを変えて現れるという指摘である。彼はそれを考慮して歴史を顧みる。ルターはまず改宗したユダヤ人と非ユダヤ人（異邦人）を分けないで、教会の対等な構成員と考えた点が指摘される。それに対しエラスムスは洗礼を受けたユダヤ人からは洗礼を受けないユダヤ人が多く生まれると反論した。彼にはユダヤ人はどう見てもユダヤ人でしかなかった。エックは、ルターのあら探しをして、ルターがユダヤ人に好意的であると攻撃した。そこでルターはユダヤ人がキリスト教会の敵であるという中世カトリック教会の信仰に依拠して、それを認めたが、彼はユダヤ人に対する憎悪が福音によって克服され、洗礼の水で洗い去られると考えた。彼は伝統的な信仰の妥当性を聖書によって吟味することを要求した。それでも一時的であったにせよ、彼が中世教会のユダヤ人憎悪を承認したことの責任は重いと言わねばならない。これがオーバーマンの見解である。

続いて彼が主張するように、一般に言ってドイツでは改宗したユダヤ人がキリスト者として受け入れられていた。このドイツ人の寛容は認められなければならず、1933－1945年という第三帝国のナチス政権時代は、それと切り離して考えるべきである。むしろ問題となるのはそれに先立つ10年間に学問の指導者たちが採ったナチスに対する態度である。そのなかでもマルティン・ハイデガーとエマニュエル・ヒルシュの責任は重く、彼らこそヒトラーのイデオロギーの実行者つまり「ヒトラーの自発的死刑執行人」を輩出したナチスのシンクタンクを創設した。これに対してオーバーマンは言明する「彼らが学者としての名誉が回復されても、尊敬すべき人間として見なされる資格は失われている」（前掲書、159頁）と。この判断は厳しいが妥当する傾聴すべき意見であると言えよう。

9　ヨーロッパのニヒリズム

サルトルの無神論的ヒューマニズム

サルトル（Jean-Paul Charles Aymard Sartre ,1905 - 1980）は『実存主義とは何か』（１９４６年）という書物のなかで、自己の無神論的実存主義の立場からヒューマニズムを新しくとらえ直そうと試みた。彼はまず「実存は本質に先立つ」という有名なテーゼをかかげ、人間の本質はさしあたって何ものでもなく、人間はみずから自己を形成してゆくもので、人間は自由そのもの、否、自己の内にも外にも依りかかりうるものはなく、「人間は自由の刑に処せられている」と主張した。

ここから彼はヒューマニズムを規定し、神の代わりに「人間を究極の目的として、最高の価値として考える理論」であるという。その場合、特定の行為をなしているがゆえに人間の全体が神的価値をもつとみなし、これを礼拝する人類教といったものは実証主義者コント（Isidore Auguste

Marie François Xavier Comte, 1798 - 1857）が考えたようなかたちでは存在しない。そうではなく人間はむしろたえず自己をのり越えながら確立してゆく主体性以外の何ものでもないと主張し、**実存主義的ヒューマニズム**を次のように定式化した。

> 人間を形成するものとしての超越――神は超越的であるという意味においてではなく、乗り越えの意味においての――と、人間は彼自身のなかに閉されているのでなく、人間的世界のなかに常に現存しているという意味での主体性と、この二つのものの結合こそ、わたしたちが実存主義的ヒューマニズムと呼ぶものなのである。
>
> （『実存主義と何か』伊吹武彦訳、人文書院、76頁）

人間を超越と見なす考えは、古くセネカが立てたヒューマニズムの根本命題「人間は、人間的なものを越え出ることがないとしたら、なんと軽蔑すべきものであろう」と一致する。しかしサルトルは人間を世界のなかへ自己を投企することによって自己形成をなす、と語る。この点こそ実存主義的なのである。その際、人間は自己を決定する能力をみずからもっていると彼がいうとき、この能力こそヨーロッパ思想史で問題とされてきた自由意志の力をいうのである。

ところが彼は「神は死んだ」という無神論の思想を徹底的に主張し、神の表象をもつキリスト教的ヨーロッパの価値体系を無意味なものとして拒否した。カントの場合、自由意志は道徳法則にしたがって行為する能力と考えられていたが、サルトルの無神論的ヒューマニズムは神のみならずあらゆる法をもしりぞける。このようにして自由の絶対性を主張すると無拘束の恣意となって、行動が刹那主義的になり、法を無視する無律法主義ともなってくる。その結果、その主張には具体的方向性が欠けてくるばかりか、個人個人がばらばらで、ただ既存の社会秩序や体制に対する無政府主義的反抗というかたちでしか各自の自由を確認できなくなる。

このようなヒューマニズムの最大の欠陥は、世界のなかへ自己を投企することで自己を実現すると主張しても、世界のなかで出会う他者をどのように理解しているかと問うてみると、明らかになってくる。彼が言う「地獄とは他者のことだ」という『出口なし』の台詞に表明されている他者理解が問題となろう。他者は自分と同じような「もう一人の自我」であって、その欲望の主体である他の自我は、わたしの生存を脅かす「敵対者」にならざるを得ない。人間が自己の主体性を超越して積極的に他者との人格的共同の場に立つことがない。確かにこのようにしてコントのような人類教を脱却する試みは、ここに見られるけれども、人間を自己創造者とみているかぎり、人間を神の位置にまで高める自己神化の無神論的帰結が明瞭であるといえよう。

サルトルは自己の無神論的実存主義はドストエフスキーに由来しているという。ドストエフスキーのことば「もし神が存在しないとしたら、すべてが許されるだろう」こそ彼の出発点であるという。しかし、このような解釈はそもそも正しいと言えるであろうか。

ドストエフスキーの「人神」と「神人」

ドストエフスキー（Fëdor Michajlovič Dostoevskij, 1821 - 1881）は「もし神が存在しなければ、すべてが許されるだろう」と主張する立場を「人神」の思想としてとらえ、ヒューマニズムの人間讃歌をそのラディカルな帰結にいたるまで導いてゆく。人神の思想を表明しているのはたとえば『悪霊』のスタヴローギンとその友人たちとか、『カラマーゾフの兄弟』のイワンの立場である。これに対抗するのは弟のアリョーシャの「神人」の考えである。ここではイワンについて考える。

イワンはカラマーゾフ家の長兄ドミトリィにとって「墓場」であり、弟のアリョーシャにとっては「謎」である。この「墓場」にして「謎」という二つの言葉のなかにイワンの内心が秘められている。イワンにとって、人生と世界はもはや生きる価値のない墓場にすぎない。なぜなら、たとえ神を認めるにしても、神が創った世界にあまりにもひどい悲惨と悪が蔓延しているからだ。だから「教養あるヒューマニスティックなヨーロッパ人のような顔」をしていても一皮むければ、中身は野獣以下である。現実の世界は墓場だ。ところがイワンはこの墓場の世界になおしがみつき、生への絶望的寄りすがりによって生きている。ここにイワンの「謎」がある。

イワンは恋愛に失敗し、絶望的になっているが、どんなに絶望しようとも、人生の杯をすべて飲みほさずにはやまない激しい生活欲をカラマーゾフ的特性としてもっていた。彼はこの燃えるような生の衝動に駆られ、知性や論理より以前の生命に従おうとする。知性は絶望し、論理は通じなくとも、墓場の世界のなかで、自分はそれでも生きているという感動に酔いしれたいのである。

このような生き方は、善悪の彼岸に立って肉欲のいっそう強い刺激にのみ生きようとする、『悪霊』に登場するスタヴローギンと同じ生き方である。感じられるのは自己の生命と力のみであって、この感覚が墓場をも貴重なものとする。他者は不在であり、世界はそれ自体において意味をもたない。ここに自律に立つヒューマニズムのラディカルな帰結としてのニヒリズムが看取される。

これに対してイワンの弟のアリョーシャは兄との対話のなかで、兄の人生に対する愛をひきあげ、人間によってあらかじめ規定された人生の意義を超えて行き、人生そのものに対する愛にまで高めようと試みる。イワンは人生が意味のない墓場であっても、なおそこに意義があるというのだが、アリョーシャによれば人間の知性や論理でつくられた人工的世界の仮象《かしょう》を突破して、そこに人生自体から生きる意味を学ばねばならない。ところがイワンは悲惨が満ちた人間の世界はけっして贖《あがな》われることはない、たとえ「唯一の罪なき人」、キリストが多大の犠牲を払ったとしても、また自分の考えが間違っていても、人生の苦悩は癒されるものではない、と述べて、彼の劇詩「大審問官」の物語に移ってゆく。

アリョーシャはこのような兄イワンの頑迷な生き方を人生に対する「謀反」と呼ぶのだが、兄が体現する無神論的ヒューマニズムは、実は現実世界の悪にどこまでもとどまろうとする**現実的ヒューマニズム**である。この実像は大審問官の姿のなかに実現している。

劇詩「大審問官」とヒューマニズムの終焉

大審問官は16世紀のカトリック教会の化身であるといえよう。このカトリックの教権組織によって保証された自由は、キリストが与えようとした「良心の自由」とは本質的に異なる。大審問官は人間性の邪悪なること、無力で悖徳《はいとく》的であり、謀反《むほん》を企む「謀逆を性《さが》とする存在」であり、まったくの奴隷であることを力説し、これに対処する最善の方法はパンと奇蹟と権力支配であると説く。ところがキリストはこの三者を荒野の誘惑で、悪魔から試みられたとき、すべてしりぞけてしまった。ところが大審問官は悪魔と結託し、キリストの事業に訂正を加え、奇蹟・神秘・教権の上にそれを建設した。彼はキリストが人間に与えようとした「良心の自由」が選ばれたほんの少数者によって理解されたとしても、大衆はまったく理解できないだけではなく、かえってキリストに敵対する源になるだろうと説く。その語るところはこれまで考察してきたヨーロッパのヒューマニズムと深くかかわっているので、ここに引用してみたい。大審問官はキリストに次のように言う。

見よ、貴様は人々の自由をわが手に支配するどころか、一層これを大にしてやったではないか。……良心の自由ほど魅惑的なものはないけれども、同時にまた、これほど苦しい要素はないのじゃ。……まさしく貴様は人間の自由を支配するどころか、さらにこれを増してやり、人間の心の王国を永久に、その苦しみにとざしてしまったではないか。貴様は貴様にそそのかされ、とりこにされた人間が、自由意志によって貴様についてくるように、自由の愛を人間にのぞんだ。その結果、人間は、確固たる古来の掟をふりすてて、爾後《じご》おのれの自由意志により、自分で善悪を決定せざるを得なくなった。……だが、しかし、はたして貴様はこんなことを考えなかっただろうか？――もしも選択の自由といったような怖ろしい重荷が人間を虐げるならば、かれらはついに貴様の姿をも、さらに貴様の真実さえも排撃し、これを誹謗するにいたるだろう、という風にじゃな」。(『カラマーゾフの兄弟』原久一郎訳)

ここに語られているのは、キリストが与えた「良心の自由」が大衆によって誤解され、その自由意志を乱用して、キリストに反逆するものになるということである。キリストが授与した良心の自由は宗教的なものであるが、これが人間的なる選択の自由として大衆を悩まし、結局はキリストに反逆した無神論的結果へ導くものである、と説かれる。キリストが与えようとした「良心の自由」は「自由意志」として受けとられ、「自己主張欲」へと変質してゆかざるを得ない。それというのも人間性が謀逆《ぼうぎゃく》を性《さが》とする奴隷的状態にあるからである。それゆえ、このような大衆に良心の平安を与えるため大審問官は自己の教権組織によって良心を拘束し、権力支配を確立するにいたる。このようにしてのみ大衆人としての人間は人間的自由を享受しうるのである。

しかし、このような組織へと服従することによって達せられる自由は、良心の自由ではない。イワンは世界を墓場であると前に考えていたが、ここでも人間性の悪のゆえに政治的組織と権力の支配によってしか幸福になり得ないと判断する。イワンの世界は大衆としての人間の世界であり、彼は人間性の限界内で可能なかぎり生きようと努める。

このようにしただけでは、人間の自然の傾向性を解放し衝動を満たすことによって人間的自由は実現できると見なすにすぎない。だから一方では権力に、他方では大衆の傾向性と衝動に従うことによって、現実に自由を実現しうると大審問官は考える。このことはこの劇詩の背景である16世紀のルネサンス時代の思想傾向にぴったり一致する。ルネサンス・ヒューマニズムの代表者エラスムスにおいても、自由意志は人間的自然の傾向性に対する肯定として説かれていた。他方、ルターの良心の自由は、反対に、自己の邪悪な罪の本性からの解放を意味し、自然的な傾向性の否定であった。

さて、ドストエフスキーの問題である「もし神が存在しないならば、なんでも許されるであろう」が語っている自由の問題はどうなるであろうか。人間の現状を見て、神の存在の無意味さを知るだけに徹するならば、自己の欲望のままに生きる自由が残るかもしれない。サルトルの自由はこの人間的限界内における自由にすぎない。しかし神への信仰によって欲望から解放されるならば、自己の傾向性からも自由になって、世界をまったく新しく見、アリョーシャのように人生そのものを愛し、そこから学びながら生きることができよう。

劇詩大審問官でドストエフスキーは無神論的ヒューマニズムは、結局、権力主義に陥り、人間の自由が隷従に向かわざるを得ないことを明らかにした。彼はパスカルのいう「神なき人間の悲惨」を追求し、無神論の最終的帰結まで導いてゆき、イワンが発狂し、スタヴローギンが自殺し、自己破壊を生みだす宿命を、きわめて説得的に描き出した。そこにはギリシア悲劇作家たちがとらえた人間存在の悲劇性に対する認識が再現され、鋭い警告が発せられているといえよう。わたしたちはここに近代ヒューマニズムの終焉を見ることができる。

だが同時にゾシマ長老やアリョーシャによって語る神人の思想には近代のヒューマニズムの終焉を通り抜けて、その悲劇性を超克する方向も示されたといえよう。

やましい良心と魂の深淵

良心は人間の心理的事実を超えた現象で、自己を超えた他者と関連しており、この他者が具体的人間であったり、また神であったりする。ルターは修道院に入る以前に神の怒りと死の恐怖を体験し、それから逃れようとして修道士の誓願を立てたのであるが、この誓いに良心がしばられ、難行苦行をみずからに課しても、良心の不安が去らず、危機に直面する。しかし、彼は同時に他の人びとも修道院において同じような良心の呵責に悩み苦しめられているのをつぶさに経験し、良心のやましさが単なる自己の心理にとどまらない人間としてのリアルな現実であることを自他において認めている。彼は『ガラテヤ書講義』（1531年）で次のように当時を回顧して証言する。

わたしはわたし自身において、また他の人びとを見て〔修道院で〕体験したのである。つまりやましくない良心をもつ最善の人びとが、あたかも鉄の身体をもっているかのように、断食し、粗い毛織物の衣服をまとってみずからを責め苦しめ、いっそう不安にかられているのをわたしは見た。実際、彼らほど恐怖におののく人たちをわたしは見たことがない。……なぜならわたしが良心を静めようと欲すれば欲するほど、わたしはそれと反対のことをなすからである（WA. 40 II. 14. 9ff）。

このような修道生活の途上で経験した良心の危機は福音的でない人間的伝統と教義に良心が拘束されていたことから生じている。福音的でない教義は律法主義もしくは道徳主義に立っているので、この律法主義では良心の苦悩がおさまらず、ますます絶望的になってゆかざるを得ない。こうして福音的な神の義の発見が良心に真の平和をもたらしたのである。

ドストエフスキーの場合はこの福音的でない教義のかわりに無神論的人神の立場が登場し、「神が存在しなければ、すべては許される」という無律法主義によって社会的習俗や通念、したがって「やましい良心」をも超えた、超人の思想が前面にあらわれてくる。この無神論が一つの深淵であり、パスカルのいう「神なき人間の悲惨」を示している。ドストエフスキーはこのような人間の心の深淵を窮めんとしたリアリストであった。彼は創作活動の最後に当たって自己の課題を明白に語り、次のように言う。「完全なリアリズムをもって人間の内なる人間を見出すこと。……わたしは心理学者だといわれる、が間違っている。わたしは要するに最高の意味のリアリスト、つまり人間の魂のあらゆる深淵を描くのである」(バフチン『ドストエフスキー論』冬樹社)と。彼は人間の心の深みを単に自己のうちに内省して見る主観的モノローグによる観察、もしくは彼のいう心理学者ではなく、人間の真実な姿を他者において見、これに関わるリアリストである。この深淵は良心の概念により描かれている場合が多く、その際、『虐げられた人びと』のワルコフスキイ公爵のように「良心の呵責を感じたことが一度もない」といい切る悪漢を登場させたり、また反対に、たとえラスコリニコフのように卑劣な人間であっても良心の呵責ゆえに自殺しようとする人物を描いたり、さらに良心の苦難を通って新生する人間の姿を追求したりする。

無神論のニヒリズムとキリスト教信仰

現代の無神論的ヒューマニズムは、その代表者サルトルの思想によって典型的に示されたように、「神の死」を宣言し、人間が神から自由であり、自己の創造者であると豪語したりする。しかし、同じく「神の死」を追求したドストエフスキーのニヒリズムこそ現代のヒューマニズムの仮面を剥奪するものとして注目しなければならない。「もし神がいないなら、何をしてもかまわない」といった好き勝手な自由の追求がいかなる破滅をもたらすかを彼は暴露する。そのことの根源はほかでもない人間の本性が悪質なものであり、既述したようにヒューマニスティックな教養人でも一皮剥げば、狼にも等しく残虐で卑劣である点にある。このように指摘して彼は現代人の唯一の思想とも言えるヒューマニズムの無力を告発したのである。

それではドストエフスキーにとって**無神論**は人間を破滅させるものとして消極的意味しかないのであろうか。この点を『悪霊』のスタヴローギンとチホン僧正との対話から考えてみたい。スタヴローギンはチホンに自分が毎日悪霊に悩まされていることを告白し、悪霊の存在を信じているかどうかと質問する。そして神を信じなくとも悪霊だけを信じることができるか否かと迫る。

「おお、できますとも、どこでもそんなものです」。チホンは目をあげて、にこりとした。
「あなたはそういう信仰でも、完全な無信仰よりはまだしもと認めてくださるでしょうね……」スタヴローギンはからからと笑った。

「それどころか、完全な無神論でさえ、世俗的な無関心よりはましです」一見、屈託もなげなさっぱりした調子でチホンは答えた。

「ほほう、そうですか」

「完全な無神論者は、〔なんと申しても、やはりなお〕、完全な信仰に至る最後の階段に立っておりますからな（その最後の一段を踏みこえるか否かは別として）。ところが無関心な人は、愚かな恐怖心以外には何ももっておらない、いや、それとても、感じやすい人が、時たま感じる程度で」。（『悪霊』江川 卓訳、新潮文庫、下巻、656―657頁）

悪霊がスタヴローギンを悩ませているのは、彼の心に赦しと愛が欠如し、自己の罪を悔い改めるという彼の告白自体が、自分と同じことをしていながら平気で生きている人々を告発する挑戦にまでなっていることに由来する。このように悪霊を信じている無神論者といえども、その無神論に徹底するならば、完全な信仰にいたる一歩手前にまで達しているとドストエフスキーはここでチホンに語らせた。

徹底した無神論とは何であろうか。その場合、二つの可能性が開けている。一つは無神論にどこまでもとどまる頑迷さである。これは無神論への絶望的寄りすがりであるか、それとも自己を絶対視して神化させるかのいずれかであろう。もう一つは神ならぬ神々や偶像の徹底的破壊であって、これによって真の神が明らかになりうる。ドストエフスキーが描いているニヒリストであるスタヴローギンの生き方のなかには自分の情欲にのみ生きがいを見いだし、これを絶対視する「人神」の立場が明らかになっている。この「人神」の滅亡を通して「神人」の思想を説くのがドストエフスキーの主たる創作活動の目標であったと思われる。

ところで無神論は自己神化の形態とは別の姿があり、この立場から神への信仰にいたる道が拓かれると考えられる。それはニヒリズムが単なる神の否定にとどまらず、無神論を生みだしている近代的自我そのものの否定へと、つまりそれが依って立つ根底に向けて、しかもそこを突き抜けて徹底されるならば、ルターが説いた「**人間の自由意志は無である**」という思想に近づくであろう。人間がニヒルであるというのは、ノンニヒルの否定でもある。人間がニヒルであるという主張は、実は人間を全く超えた新しい生命への希望を述べたもので、ニヒルにとどまることが志向されているのではない。それはまた、無から有を創造する神の活動に場を与えることを意味する。神の活動は人間におけるニヒルの自覚を伴っている。もしそうでないなら、「信仰のみによる」という主張は単なる自己確信と自己主張欲にまで堕するであろう。

ドストエフスキーのいう「最後の段階を踏みこえる」飛躍こそこの信仰であるが、この信仰自身のうちには「不断に悔罪者」(semper penitens)という自己否定の働きが存在し(Luther, WA. 56, 442)、しかもその信仰は自らを空無化しながら、同時に全く無なるところに有を創造する神の愛の注ぎを受けてはじめて救いに到達する。しかもその信仰は自らを空無化しながら、同時に全く無なるところに有を創造する神の愛の注ぎを受けてはじめて実現される。

神の愛はアガペーである。この愛は残念ながらわたしたち人間からは生まれることができず、ただ神からわたしたちにが受領するものである。こうして人間は神の愛を宿すことができる偉大な存在となるが、自分でそれを創りだすことはできない。だから人間の偉大さは神の愛を受容することにあって、受容するためには人間は無となっていなければならない。ルターは「無から何かを造るのが神の本性である。だからいまだ無となっていないものから神は何も造ることができない」(WA. 1, 183, 37)。こうして一つの逆説が成立する。すなわち、「人間の偉大さはその悲惨と無にある」(WA.)と言明することができる。パスカルも異なった文脈からであるが同じ事態について「人間の偉大さは、その惨めさから引き出されるほどに明白である」と述べて「廃王の悲惨」について語っている。

［談話室］ドストエフスキーの『悪霊』を読む

わたしは高校生になった頃から読書の傾向が変化し、哲学と宗教の本に向かった。そのきっかけは国語の教科書にのっていた三谷隆正の「自己と独創」という文章であった。そこでのソクラテス論に導かれてプラトンの『ソクラテスの弁明』を読み、大変感動したことを覚えている。こうして三木 清や天野貞祐、内村鑑三、さらにはアウグスティヌス、ルター、キルケゴールまで内外の思想書を渉猟するようになった。

内外の文学作品にも手を出したが、忘れることができないのは、ドストエフスキーの『罪と罰』である。体育の時間にラクビーのゲームをしていたとき、ボールをトライしたわたしの上に大勢の友人たちが飛びかかり、わたしの足に校庭の竹が突きささり、病院に運ばれて手術を受けた。そこに続いて入院していたわたしを伯父が訪ねてきて読むようにと『罪と罰』を置いて行った。この作品の殺人の場面とわたしの怪我とが重なって何日も苦しい夢に悩まされた。こうしてこの作品はわたしの心に深く食い入っていくことになった。

その後ドストエフスキーを再び読み始めたのは大学で教えはじめた頃であった。最初は大学で

1年生の哲学とキリスト教倫理を担当し、講義の間に問題となった思想を事例をもって教えなければ十分に理解されないのに気づき、学生も聞いたことのあると思われる古今の小説家から事例を挙げるようにした。そのときドストエフスキーが描いた人物に学生が敏感に反応することが分かった。そこでわたしは持ち前の凝り性から彼の作品のほぼ全部を読み通してしまった。そして彼の作品に登場する多くの人物の事例をもって説明するように心がけた。とりわけ学生にとってショッキングな話しは『悪霊』に登場するスタヴローギンの物語であった。

そのなかでもこの作品が出版できなくて、最初は削除されたが、やがて最後に追加された「スタヴローギンの告白」の部分こそ、恐ろしいほどの内容であった。そこには無神論を克服する思想が述べられているだけではなかった。それはドストエフスキーの悪霊物語の最も重要な核心部分であって、悪霊と良心との戦いが赤裸々に叙述されていた。

このスタヴローギンというドストエフスキーの創作した人物は、元来は心のやさしい人であるが、善悪の区別を無視し、自己の欲望にのみ生きるニヒリストであり、しかもエゴイストの卑劣漢である。彼の犯した罪の中でも少女マトリョーシャに対する行為は法律上の犯罪ではなくとも、倫理的にはもっとも卑劣な行為であり、彼女の哀れな姿が夜ごとに悪霊となって彼に現われ、彼を攻撃し、絶望のうちに沈める。この哀れな孤立無援の悲惨な彼女の有様が彼の心に焼き付いて、取りのぞくことができない。ドストエフスキーはこれを「良心の苛責」とも言い、これによって有罪の決定的な宣告を主人公が受けた、と次のように述べている。

わたしはマトリョーシャを見たのだった。あのときと同じように、わたしの部屋の戸口に立って、わたしに向って顎をしゃくりながら、小さな拳を振りあげていたあのときと同じように、げっそりと痩せこけ、熱をもったように目を輝かせているマトリョーシャを。いまだかつて何ひとつとして、これほどまで痛ましいものをわたしは目にしたことがない。わたしを脅しつけようとしながら、むろん、おのれひとりを責めるしかなかった、まだ分別も固まっていない、孤立無援の存在のみじめな絶望！　いまだかつて、わたしの身にこのようなことが起こったためしはなかった。わたしは深夜まで、身じろぎひとつせず、時のたつのも忘れてすわっていた。これが良心の苛責、悔恨と呼ばれるものなのだろうか。わたしは犯罪のことを、彼女のことを、彼女の死のことを悔んだのではない。……わたしは哀れで、哀れでたまらなくなり、気も狂わんばかりだった。ただただわたしはあの一瞬だけが耐えられなかった、どうしても、どうしても耐えられなかった、なぜなら、あのとき以来、それが毎日のようにわたしの前に現われ、わたしは、自分が有罪と認められたことを完璧に知らされたから

である。（ドストエフスキー『悪霊』江川卓訳、新潮文庫、下巻、693―694頁）

このように語られているごとく、彼が見る幻覚と悪霊は少女を凌辱したことに対する罪責意識から起こってくる。それは「良心の呵責、悔恨」と呼ばれる。彼はこの悪魔的良心の痛みから逃れようとして「告白」を書く。しかしこの告白はキリスト教的な悔い改めとは全く異質なもので、彼と同じ罪を犯しながら、良心の平穏さを保っている人々に対する挑戦であった。

スタヴローギンは彼は友人により「良心を責めさいなみたい情熱」をもつといわれているように、元来は心のやさしい良心的人間である。ところが無神論者のニヒリストとしては善悪の感覚を失い、ただ情欲の刺激によって起こる陶酔感によって卑劣にも生きぬこうとする。それでも良心の呵責が彼を襲ってきて苦しめているが、彼は不信仰のゆえに真の悔い改めに至たり得ずして自殺する。

10　世俗化社会との対決

本書の「はじめに」でも述べたことであるが、ヨーロッパの町の中に歴史的建築として教会の建物は立派に残っており、そこで宗教行事が営まれていても、若者たちの姿がほとんど見当たらず、老人のみが集まっている光景を目にするであろう。これまで考察してきたように、ヨーロッパの文化はそれを全体としてみるならば、キリスト教とギリシア文化との総合として生まれてきており、その試みは古代末期にはじまり、中世を通して次第に実現していった。それは近代に入っても初期の段階では、つまり宗教改革と対抗宗教改革の時代では、キリスト教信仰は世俗社会にいっそう深く浸透していった。この世俗に積極的に関わる態度は、本来はよい意味での世俗化の現象であって、実は信仰の所産なのであった。ところがこの信仰がもたらした世俗にかかわる積極的な行為であった「世俗化」がいつのまにか俗物根性に染まった「世俗主義」に転落し、世俗化自体の特質を全く変質させてしまった。ここから先にヨーロッパ社会にみられるキリスト教に対する肯定と否定との反対感情が併存する事態が起こってきた。

近代以降のヨーロッパ思想史はこの世俗化の歩みから把握することができる。宗教改革以来ヨーロッパの歴史では宗教の生命力が衰えている事実があきらかであって、これにどう対処するかはもはや回避できない問題となった。そこで、再度、世俗化とは何かを改めて問題とせざるを得ない。

世俗化とは何か

世俗化（Secularization）については第1章ですでにその意義を説明しておいたが、この言葉は、語源的にはラテン語の「時代」（saeculum）に由来する。中世では在野の聖職者たちは「世俗に住む」と言われており、修道院に住んでいた聖職者と区別されていた。また後に宗教改革時代になってから修道院などの教会の財産を国家が民間に譲渡したとき、世俗化という言葉が用いられた。したがって教会財の「払い下げ」や反対に教会から見るとその財産の「没収」といった意味で使われてきた。

ところが世俗化には二つの局面があって（19頁「世俗化とはどういう現象か」参照）、「世俗化」は歴史の過程で変質し、「世俗主義」に変化するにいたった。ここでいう「変質」とは歴史的な風化作用であって、同様な事態を挙げれば「自由」が「恣意」（好き勝手）に、「個人主義」が「個我主義」（エゴイズム）に、「勤勉」が「搾取」（点取り虫）に、したがって労働を支えていた「宗教的な精神」がその亡骸《なきがら》である「亡霊」に変質しているのと同じである。

こうして「世俗化」は、当初、世俗の中で信仰が活動することによって起こっており、そこに世俗化の肯定的意味があったのであるが、世俗化が過度に進むと、人間が信仰を喪失して俗物化してゆき、拝金主義や仕事のファナティズムまた快楽主義に転落していって、「世俗主義」にまで変質したのである。このようにして世俗化はキリスト教信仰から生まれた子どもであったのに、今や産みの親であるキリスト教に公然と反抗するものとなった。

また、啓蒙時代になると世俗化は理性的な精神の働きによっていっそう促進し、合理化の運動が社会の隅々に浸透しはじめると、宗教的要素が人々の心から次第に衰退しはじめ、やがては宗教の基本的な主張にも疑念が向けられ、制度的にも宗教が後退するのを強いられた。この点でもフランス大革命は啓蒙の理性が革命を引き起こした典型的な出来事であった。

こうして今日においては**世俗化**は、社会が宗教的信仰・行事・象徴を退けるか、無視するプロセスを意味する。そして宗教的な特質を完全に排除したとき、世俗化の状態は完成されると見なすことができる。したがって世俗化の概念は、宗教的なるものがそうでないものから注意深く区別される社会においてのみ、適応可能な概念であることになる。それは文字文化以前の野蛮時代や未開社会には適応できず、反対にヒンドゥー教のような伝統的な宗教が揺るぎない支配力を行使している社会でも適用できない。それゆえ、大雑把に言って、ある社会の世俗化の水準は、世俗化される対象である宗教の素質や水準と逆比例に発生する。つまり宗教の資質が高ければ高いほど、世俗化も逆比例して激しい形で起こることになる。

その際、宗教がどのように定義されるかが問題であるが、宗教がいかなる社会でどのように機能しているかということも重要な契機となる。この観点から宗教を捉えようとするのが宗教社会学における宗教の理解の特質となっている。宗教の力が衰えはじめたヨーロッパではこの世俗化現象は、個人がキリスト教という宗教から自立化することに求めることができる。そこでそういう傾向の起源のことをここではまず考えてみたい。

世俗化社会の起源

ドイツの宗教改革時代に起こったことであるが、アウクスブルクの宗教和議（1555年）は、

「支配者の宗教がその領内に行われる」との原則に基いて、領主が宗派を選ぶことをきめた。そこから「領邦教会」(Landeskirche) が制度的に定着し、宗派の決定が領主にまかせられていたため、個人は必然的に信仰に対し無関心となり、宗教以外のものを信仰するようになった。ここから哲学や文学また音楽にほとんど宗教に対するような熱烈な関心が起こるようになった。

これに拍車をかけたのが近代の啓蒙主義であった。たとえばドイツ啓蒙思想はイギリスの自然宗教の影響を受けたドイツの歴史家ライマールス (Hermann Samuel Reimarus, 1694 - 1768) に対決するレッシング (Gotthold Ephraim Lessing, 1729 - 1781 ドイツ啓蒙思想の代表的な人物であり、フランス古典主義からの解放を目指し、ドイツ文学のその後のあり方を決めた人物。詩人、劇作家、思想家、批評家。) によい事例が見られる。レッシングは小都市の図書館員であったとき、ライマールスの遺書『無名氏の断片』や『イエスと彼の弟子たちとの目的について』を大胆にも出版し、キリスト教史上最も大きな嵐の一つを巻き起こした。これによって史的イエスの問題が生じたのであるが、シュヴァイツァーの『イエス伝研究史』によると、ライマールスの説は次のようである。イエスの「目的」は弟子たちのそれと相違していた。「わが神わが神」との十字架上の叫びからイエスの目的が挫折したことを理解すべきである。つまり政治的メシアとして外国の支配から祖国を解放しようとした彼の試みは失敗に終わった。ところが弟子たちの目的の方はそれとは違っていた。彼らはその夢が破れたのち、もとの仕事に戻る気もちがなく、イエスの死体を盗んで、復活と再臨とのメッセージを作り、仲間を集めた。だから弟子たちがキリスト像の創作者である。ライマールスは歴史上のイエスと宣教されたキリストが同一でないこと、歴史と教義とは別であることを説いた。これによって大きな興奮と憎悪が起こってきたが、啓蒙主義の批判的精神はドイツにやがて定着するようになった。

こうしてレッシングがこの遺作を発表した勇気は、新しい時代の開幕を告げたのであった。これによって聖書の歴史学的研究により、それが歴史的に制約された一文献であることを示し、正統主義の聖書無謬説に攻撃を加えることになった。彼はまた優れた著作『人類の教育』で人類がいまや理性の時代に達したことを哲学と宗教における歴史的進展の思想によって明らかにした。自律的な理性は神の霊によって教えられるもので、理性の時代は聖霊の時代の実現である。彼はまた劇作『賢者ナータン』でイスラームとキリスト教とユダヤ教の出会いを扱い、諸宗教の相対性を説き、キリスト教の本質はすべての真の宗教と同一であり、それが愛であると主張した。

次に重要な世俗化現象は本書の第4章で解き明かしたように、**大衆化現象**として現れた。そこでも指摘したように大衆の特質は「群衆」に現われており、それは「平均人」もしくは「俗人」に他ならない。この世俗的な大衆の特質は、実に不可解なことに、他者との人格的な関係を無視して自己主張するところによく示される。

大衆は元来民主主義を支える優れた意味をもっているが、同時に群衆としていつしか他人の言うことに耳を傾けない暴徒になる。ここに大衆概念の世俗化がある。そこでは大衆社会が社会の方向を決定するとはいえ、この大衆を指導し、扇動する者も登場する。これがカリスマ的指導者、時に独裁者であって、彼らエリートの操作と扇動によって大衆運動が社会の方向を決定するようになる。エリートによる正常の指導がない場合には大衆はいわゆる「暴徒」となる。この大衆の登場を警告する声は、フランス革命の当時からも聞こえていた。しかし産業革命の機械化の時代がもたらした影響から、その声はますます大きくなり、「マス化された人間」が社会の諸階層に侵入し、社会組織を脅かすものであると憂えられていた。

スペインの哲学者オルテガによると社会は少数者と大衆との動的統一体であるが、少数者が特別の資質をもつ集団であるのに、大衆はこの資質に欠ける人々の総体である。だから大衆とは「労働大衆」を主に指すのではなく、「平均人」であり、「世俗人」であって非凡なもの、傑出し、個性的で選ばれた者、つまりエリートを席巻し、自分と同じでないものを締めだす。

キルケゴールはこの大衆の特徴を『現代の批判』のなかで「公衆はなにかある巨大なもの、すべての人々であってなんびとでもない抽象的な、住む人もない、荒涼として空虚な原野なのだ」と先に考察したように捉えた。この大衆のことをヤスパースは「実存を欠いた現存在」と称し、これこそ世俗化した人間に他ならないと考える。またハイデガーは「俗人」の特徴を「おしゃべり・好奇心・曖昧さ」において捉えているが、良心を欠き、自己喪失とニヒリズムに陥った現代人の姿を的確に捉えている。

世俗化の最終段階としてのニヒリズム

現代は「ニヒリズムの世紀」と呼ばれるように、世俗化の最終段階に到達した。近代以降のヨーロッパ思想の流れは、聖なるものが俗化する世俗化の一途を辿ったといえよう。現代にいたると世俗化はいっそう深刻になり、宗教的地盤を離れ、形骸化し、宇宙論的、社会的、人格的な諸次元における崩壊現象を引きおこし、聖なるものと聖価値とが完全に喪失するにいたった。またそれに代って、唯物論、暴徒としての大衆、物質文明が現代社会を支配するようになった。この世俗主義のいきつくところは**無神論**と**ニヒリズム**にほかならない。

古代において無神論はソクラテスの場合に典型的に示されているように、国家公認の宗教に服従しない言動に向けられた非難であった。だから皇帝礼拝を拒んだキリスト教徒も無神論者であった。しかし現代の無神論は本質的に能動的であり、ニーチェが「神は死んだ」というとき、背後にあるのは「超人」の思想であり、サルトルが無神論的実存主義を主張するとき、「人間はみずから造るところのもの以外の何者でもない」という自己創造者の姿がそこにある。

無神論は自己神化にまで高まった近代主体性の「物神化」(fetism 呪物崇拝)以外の何であろうか。キルケゴールに典型的に示されていたように、近代人は世界から逃れ、孤独のままで交わりをもちうる神を求めてきた。しかし世俗主義化した人間は、もはや神に向かい得ない状態に到達した。つまり人間は自己自身にのみかかわらざるを得なくなり、自己の創造者なる神にまで登り詰めた。こうした人々はこぞって「従来の最高価値の否定」という「ニヒリズム」に転落せざるを得ないのである。実際、レーヴィットが『ヨーロッパのニヒリズム』で明瞭に分析しているように、ヨーロッパの無神論とニヒリズムは最高価値に対する「能動的な否定」であるが、日本におけるそれは消極的で情緒的な虚無主義にすぎない。

ヨーロッパ文化では最高価値は聖なる価値である神であった。価値は一般的に言って精神価値・生命価値・快適価値・実用価値に区分される。この区分の最高価値は精神価値であるが、それは真・善・美という価値として説かれている。しかし、この精神価値の中に入りながらもそれを超える価値が聖価値である。ヴィンデルバント (Wilhelm Windelband, 1848 - 1915) によると、聖は、真・善・美という価値に向かう精神の働きのなかにあって、それらを超えながらそれらに作用して充たす価値である。理性は真・善・美のほかに、それとは別の「聖を受容する能力」をもっていない。しかし、認識の領域でも理想と現実、当為と存在といった矛盾に出会い、それが自己の責任によって生じていることが自覚されると、こうした意識の事実はやましい良心の現象として起こってくる。この良心の苦悩を癒す力こそ「**聖なるもの**」であり、これによって宗教は成立するのであるが、今やこのヨーロッパ的な秩序は完全に崩壊してしまった。

世俗化社会における個人の運命

では、世俗化された社会で**個人**はどのような運命を迎えたのであろうか。この世俗化現象を現代の宗教社会学は社会の側から考察する。それはとくに宗教社会学の課題となった。そこで現代の宗教社会学が世俗化の問題をどのように捉えているかを問題にしてみたい。

宗教社会学の伝統のなかでこの問題を積極的に取りあげているのはエミール・デュルケム(Emile Durkheim, 1858 - 1917) とマックス・ヴェーバー(Max Weber, 1864 - 1920) である。デュルケムは「社会的事実をモノとして考えよ」とみなす客観的考察を試み、ヴェーバーは「行為の主観的意味連関」を追求する主観的考察を試みる。このように両者の間には基本的な視点の相違があるにしても、二人は現代社会における個人の運命に深い関心をもち、現代社会の性格が個人に対し重大な結果をもたらしたことを理解した。分業・官僚制・自殺などに関する二人の研究がこのことを立証する。また両者とも社会における個人の位置づけが宗教の研究によって解明できると考えた。

ここではヴェーバーの『プロテスタンティズムの倫理と資本主義の精神』を手がかりとしてこの現象を説明してみよう。彼はこの著作の前半で職業倫理を問題にしていたが、後半になると、この倫理が資本主義によって世俗化されるプロセスを詳細に分析した。そして次に挙げる3つの観点から世俗化の現象を解明したといえよう。

(1) 禁欲による合理化と富の蓄積

資本主義の生産様式の下ではこの世の楽しみを捨てて職業に携わる精神、つまり禁欲が重要な役割を演じた。禁欲は不正に対してばかりでなく、純粋に衝動的な物欲とも戦ったが、それはこの衝動的な物欲こそ禁欲が「貪欲」(covetousness)や「拝金主義《マモニズム》」などとして排斥したものだった。それにもかかわらず結果として禁欲は、生活の合理化によって生産を向上させ、人々は富裕とならざるを得なかった。それゆえ禁欲は「つねに善を欲しつつ、つねに悪を作り出す」(『マクベス』の魔女の台詞)力であった。そこでは「富を目的として追求することを邪悪の極致としながらも、〔天職である〕職業労働の結果として富を獲得することは神の恩恵だと考えた」。これは大きな矛盾である。だがそれ以上に重要な点をヴェーバーは指摘して次のように語る。

たゆみない不断の組織的な世俗的職業労働を、およそ最高の禁欲的手段として、また同時に、再生者とその信仰の正しさに関するもっとも確実、かつ、明白な証明として、宗教的に尊重することは、われわれがいままで資本主義の「精神」と呼んできたあの人生観の蔓延にとってこの上もなく強力な梃子《てこ》とならずにはいなかった。

（『プロテスタンティズムの倫理と資本主義の精神』大塚久雄訳、岩波文庫、344―345頁）

こうして禁欲による消費の圧殺と富の形成を救いの証とすることが結びつくと、「禁欲的節約の強制による資本形成」というべきものが起こってくる。そこからニューイングランドでもオランダでも、「真剣な信仰の持ち主たちが、巨大な富をもちながら、一様にきわめて簡素な生活にあまんじていたことは、度はずれの資本蓄積熱をもたらした」（前掲訳書、345頁）。こうして世俗化の前提条件が揃った。つまり神と富とに兼ね仕えることは不可能であるから、神への信仰によって富が増すようになると、信仰の「腐食現象」と言われている世俗化も必然的に起こり得るような前提条件が揃うことになった。

(2) ピューリタニズムの人生観と資本主義、中世の修道院と同じ現象

こうした信仰の世俗化が生じたのは、プロテスタントのなかでも信仰の内面性を強調したルター派が支配的であった国々ではなく、行動的なカルヴァン派が浸透していった国々、とくにピューリタニズムの人生観が行き渡った国々であった。そこでは市民的な、経済的に合理的な生活態度へ向かおうとする傾向が、単なる資本形成の促進よりもはるかに重要な働きをもたらした。「ピューリタニズムの人生観は近代の〈経済人〉の揺籃をまもったのだった」。その生活理想は富の「誘惑」のあまりにも強大な試練に対してまったく無力であった。ピューリタニズムの精神の純粋な信奉者たちは、興隆しつつあった小市民層や借地農民層のあいだに見出され、その中の「恵まれた裕《ゆた》かな人々」(beati possidentes) は禁欲的な質素な生活という古い理想を否定する傾向にあった。

富が増すところに信仰の堕落が生じるのは歴史のなかでも絶えず見られる現象であって、世俗内的な禁欲の先駆者であった中世修道院の禁欲精神がくりかえし陥った陥穽《かんせい》とまったく同じ運命であった。中世に盛んに建立された修道院では厳格な生活の規制と消費の抑制が実行されて、

合理的な経済の運営がなされるようになった。そうすると獲得された財産は僧侶をして貴族化の方向に堕落させるか、富によって修道の精神が弛緩《しかん》し、修道院の規律が崩壊する危機に直面することになった。それゆえ繰り返し「修道院改革」が提案され、実行されなければならなかった。「修道会の会則の全歴史は、ある意味において、まさしく所有の世俗化作用という問題とのたえまない格闘にほかならなかった。ピューリタニズムの世俗内的な禁欲の場合にも、それと同じことが壮大な規模で起こったのだ」（前掲訳書、351頁）。

たとえば18世紀の終わりに起こったメソジスト派の「信仰復興」運動はそのよい例である。この運動の指導者であったジョン・ウェスレー（John Wesley, 1703 - 1791）自身はこの間の状況を次のように述べて、彼が禁欲的信仰の逆説的な関連をよく自覚していたことが分かる。

わたしは懸念しているのだが、富の増加したところでは、それに比例して宗教の実質が減少してくるようだ。それゆえ、どうすればまことの宗教の信仰復興を、事物の本性にしたがって、永続させることができるか、それが私には分からないのだ。なぜかといえば、宗教はどうしても勤労（industry）と節約（frugality）を生み出すことになるし、また、この二つは富をもたらすほかはない。しかし、富が増すとともに、高ぶりや怒り、また、あらゆる形で現世への愛着も増してくる。だとすれば、心の宗教であるメソジストの信仰は、いまは青々とした樹のように栄えているが、どうしたらこの状態を久しく持ちつづけることができるだろうか。どこででも、メソジスト派の信徒は勤勉になり、質素になる。そのため彼らの財産は増加する。すると、それに応じて、彼らの高ぶりや怒り、また肉につける現世の欲望や生活の見栄も増加する。こうして宗教の形は残るけれども、精神はしだいに消えていく。純粋な宗教のこうした絶え間ない腐敗を防ぐ途はないのだろうか。人々が勤勉であり、質素であるのを妨げてはいけない。われわれはすべてのキリスト者に、できるかぎり利得するとともに、できるかぎり節約することを勧めねばならない。が、これは、結果において、富裕になることを意味する。（前掲訳書、352–353頁）

これにつづいて「できるかぎり利得するとともに、できるかぎり節約する」者は、また恩恵を増し加えられて天国に宝を積むために、「できるかぎり他に与え」ねばならないと勧告される。

(3) 宗教的生命の枯渇としての世俗化と世俗主義化した「末人」の運命

ウェスレーがここで語っているように、強力な宗教運動はその禁欲的な教育作用によって経済的発展に寄与する。

ところでヴェーバーが注目しているのは宗教が生命を失って世俗化するプロセスである。彼によるとそれが経済への影響力を全面的に及ぼすのは、「通例は純粋に宗教的な熱狂がすでに頂上をとおりすぎ、神の国を求める激情がしだいに醒めた職業道徳へと解体しはじめ、宗教的根幹が徐々に生命を失って功利的現世主義がこれに代わるようになったとき」であり、それを比喩的に表現すれば、バニヤンの『天路歴程』に登場する「巡礼者」が「虚栄の市」を通って天国に急ぐ内面的に孤独な奮闘に代わって、「ロビンソン・クルーソー」つまり同時に伝道もする孤立的経済人が姿をあらわしたときなのである（前掲訳書、355頁）。

確かに強力な宗教的な生命がないなら、世俗化は起きようがない。これが起こる瞬間は宗教的な生命がその頂点に到達し、やがてそこから下降するときであり、そのときに宗教が生んだ子どもが親の地位を簒奪《さんだつ》し、没収することによって権力の交替が起こる。それゆえ世俗化は権力の「簒奪」や「没収」とならざるを得ないといえよう。

中世における禁欲の精神が、修道士の小部屋から職業生活のただ中に移されて、世俗内的道徳を支配しはじめるとき、生産の技術的・経済的条件に結びついて、資本主義的な生産様式に基づく近代的経済秩序を形成するのに力を貸すことになった。そしてひとたびこの秩序ができあがると、それは圧倒的な力をもってすべての人と世界とを巻き込み、「鋼鉄のように堅い檻《おり》」となって支配するようになった。

イギリスのピューリタンの牧師バクスター（Richard Baxter, 1615 - 1691）によると、わたしたちは所有物を「いつでも脱ぐことのできる薄い外衣」のように肩にかけるべきであった。ところが運命は不幸にもこの外衣を「鋼鉄のように堅い檻」としてしまった。したがって「禁欲が世俗を改造し、世俗の内部で成果をあげようと試みているうちに、世俗の外物はかつて歴史にその比を見ないほど強力になって、ついには逃れえない力を人間の上に振るうようになってしまった」。これが**世俗化**であって、「世俗的職業を天職として遂行する」禁欲の精神はかつての宗教的信仰の「亡霊」としてわたしたちの生活の中を徘徊するようになった。

こういう経過を辿ると職業活動には今日最高の精神的文化価値への関連が見失われ、その活動は単なる経済的強制としてしか感じられないし、営利活動は宗教的・倫理的な意味を喪失しており、今ではマネー・ゲームといったスポーツのように純粋な競争の感情に結びつく傾向を示すようになった。

このような文化の発展の最後に現われる「末人たち」(letzte Menschen) にとっては「精神のない専門人、心情のない享楽人。この無のものは、人間性のかつて達したことのない段階にまですでに登りつめた、と自惚れるだろう」（前掲訳書、366頁）という言葉が真理となるのではなかろうか、とヴェーバーは最後に警告している。

世俗化された人間像

このような世俗化された人間の姿は、文学作品にも現れている。たとえばシャミッソー(Adelbert von Chamisso, 1781 - 1838)の『ペーター・シュレミールの不思議な物語』(1814年)は自分の影を売った男の話である。これは「影をゆずってはいただけませんか」と灰色の服を着た謎に満ちた男に乞われて、シュレミールがそれと引き替えに「幸運の金袋」を手に入れるのだが、大金持ちになったものの「影」がないばっかりに、さまざまな苦しみを味わうという、メルヘン調の物語である。シャミッソーは影が体から離れる瞬間を次のように見事に描いている。

「どうぞこの袋を手にとって、おためしになってください」。男はポケットに手を入れると、手ごろな大きさで縫目のしっかりしたコルトバ革製の袋を丈夫な革紐ごとたぐり出して私の手にのせました。ためしに袋に手を入れて引き出すと十枚の金貨が出てきました。もう一度手を入れるとまた十枚、さらに十枚、もうひとつ十枚というわけです。「よし、承知だ。こいつと影とを取り換えよう」。私は男の手を握りました。すると男はこちらの手を握り返し、ついで私の足もとにひざまずくと、いとも鮮やかな手つきで私の影を頭のてっぺんから足の先まできれいに草の上からもち上げてクルクルと巻きとり、ポケットに収めました。つづいて立ち上がってもう一度お辞儀をすると薔薇の茂みの方へ引き返していったのですが、歩きながらクスクス笑いを洩らしていたようでした。私はといえば、後生大事に袋の紐を握りしめていたのです。陽がさんさんと射しこめるなかで、すっかり正気を失っていたようです。
(『影をなくした男』池内紀訳、岩波文庫、19―20頁)

ここでの奇跡は神のそれではなく、悪魔の奇跡である。この場面はファウストが悪魔と契約を交わす情景を伝承させて彷彿とさせる。ファウストも現世の快楽と引き替えに魂を悪魔に売ったのであった。世俗化が侵攻してくると、単なる快楽から「金貨」に的《まと》が絞られてくる。この引用の少し前には「私は目の前に金貨がキラキラきらめいているような気がしました」とある。この金貨に目がくらんでしまうと、最後には「すっかり正気を失っていたようです」とある。これは世俗化による自己喪失を見事に描いている。そしてこの文章の直前には「陽がさんさんと射しこめるなかで」とある。つまり太陽の光を受けて生きるのが人間の本来の姿であって、それは「影」

によって知られる事柄自体なのである。ここでの取引は「魂」ではなく、「影」であるところに悪魔がつけ狙う誘惑の本領が発揮される。悪魔は悪しき霊である。元来は「光の天使」であった悪魔は「堕天使」となって、神の光が射さない暗黒の世界に青年を引きずり込んでいく。だからこの物語は、主人公がそれとは知らずに悪の誘惑に誘われ、転落していく有様を描いており、金袋と影との交換条件が示される。影というのは実体のある魂ではないのだから、取るに足りない影に意味があろう筈がない。影なんかは中身もなければ、値打ちもない、馬鹿げたもののように思われる。ここに悪魔の欺きがある。

レヴィ・ブリュール（Lucien Lévy-Bruhl, 1857 - 1939 フランスの哲学者・社会学者・文化人類学者）の名作『未開社会の思惟』を読んでみると、未開社会の人たちは人の「影」を踏むと、その人は死ぬと信じており、森の開けたところを通過するときには影を踏まれないように警戒している姿が記されている。彼によると「原始的心性の集団表象においては、器物・生物・現象は、我々に理解しがたい仕方により、それ自身であると同時にそれ以外のものでもあり得る」（『未開社会の思惟』岩波文庫 上、94頁）。そうすると影が人間の目には見えない生命現象と融合して表象されることが可能となる。

わたしたちが考察している「霊」や「霊性」も目には見えない現象である。生命現象でも実験科学の対象になる部分と対象とならない部分とがある。魂も心理学の対象となる部分とそうでない部分とがある。科学を導いているのは理性であり、これは昔から「自然本性の光」(lumen naturale)と呼ばれていた。人間の霊にはこの光が射さない。だからルターは神秘主義の用法を借りて、この領域を「暗闇」(tenebrae, caligo) と言ったが、「影」(umbra) という場合もある。霊は見えないが、光が射すところに「影」として反映する。影はそれゆえ霊の反映といえよう。これが欠けている者は霊性を完全に喪失した人間であり、世俗化の極地にまでなった姿ではなかろうか。

したがってシャミッソーが描く男は、影がないばっかりに世間の冷たい仕打ちに苦しまねばならないという辛い経験をする。この物語の終わりに彼はやがてあの不思議な袋が悪魔がよこしたものであると悟り、魔法の袋を投げ捨て、残ったわずかなお金で古い靴を一足買う。それがはからずも魔法の七里靴であった。七里靴は彼を楽々と他所《よそ》の大陸へ運んでいく。こうして魔法の袋という悪魔の奇跡を断念したその瞬間に、あらゆる大陸で大自然の奇跡を探り、研究する可能性が開かれた。物語の作者であるシャミッソーは主人公を世俗的夢からひき離して、太陽が燦々《さんさん》と輝く世界、実に奇跡に満たされた現実の世界へ導いていく。ここにはレッシングの奇跡観と等しい思想が窺えるが、違いは太陽がきらめく自然に導くのは理性的な洞察ではなくて、昔話の靴なのである。それゆえ、この物語は昔話による昔話の克服、奇跡による奇跡の克服といえよう。

世俗化社会の特質

これまで考察してきたことから明らかなように世俗化の現象は、近代のヨーロッパに起こった歴史的・文化的・精神史的・宗教的な著しい出来事であって、近代社会の成立およびその進展と深く関わっている。歴史的に見てきわめて大きなこの出来事は現代のヨーロッパのみならず、近代化した我が国にもその影響が及んでおり、すでに同様な大きな変化が起こっている。しかし、この出来事は同時に人間の生活に甚大な影響を及ぼしており、単に社会学的に関心を引き起こしている問題であるばかりか、人間性に危機をもたらしている。それゆえに、今日では人間そのもののあり方が問われており、世俗化された人間についての人間学的考察がなされなければならない。

宗教に対する無関心　宗教社会学者たちの研究によると世俗化は、近代技術社会の成立と共に生じてきた現象であって、伝統社会がもっていた非合理的な「呪術からの解放」（ヴェーバー）がなされ、宗教選択の自由・伝統に対する相対主義・宗教の多元主義・超自然的世界の消失など（バーガー）が現代社会を風靡するに至った。また世俗化された人間の実体も暴露され、世俗化した末人の姿が「精神のない専門人、心情のない享楽人」（ヴェーバー）や「故郷喪失者」（バーガー）として示され、そこにわたしたちは人間性喪失の危機を感じざるを得ない。こうした世俗化の進行は、今日でも観察できるように社会が物質的に安定するようになると、宗教に甚大な悪影響を起こし、何よりも宗教に対する無関心を蔓延させるようになった。歴史家ドーソンはこの現象を「世俗化の過程は信仰の衰退からではなく、信仰世界への社会的関心が薄れることから起こる」（『キリスト教文化の歴史的現実』86頁参照）と語った。前章で言及したドストエフスキーも僧正のチホンに「完全な無神論でさえ、世俗的な無関心よりましです」、また「無関心な人は愚かな恐怖心以外に何ももっておらない、いや、それとても、感じやすい人が、時たま感じる程度で」と語らせている（本書203頁参照）。

すでに指摘したように信仰世界への積極的な宗教的な関心が元来の「世俗化」の肯定的な意味であった。それなのに今日は世俗化が宗教に敵対することからさらに進んで、その最悪の現象といえる宗教と宗教世界への無関心をはびこらせてしまったのである。

近代社会が今日の欧米社会のような経済的に一応安定した社会を形成してくると、人々は伝統社会で維持されてきた宗教を衰退させてしまったが、それでも宗教を全く排除することはできなかった。というのは近代社会において人間の個人化が進み、社会における宗教の力を衰退させて、世俗化が進行しても、宗教社会学者ルックマン（Thomas Luckmann, 1927 - 2016）などによって指摘されているように、宗教は他ならないこの個人の領域において生き続けているからである。

こうして今日問題となるのは、宗教を排除した世俗化社会が人間に対していかなる影響を及ぼしているか、ということである。世俗化が啓蒙思想によって加速された頃、シュライアマッハーは「宗教の蔑視者」と対決して宗教的な経験そのものに立ち返るように勧告した。また20世紀に入ってニヒリズムが「神の死」を宣言したとき、ヨーロッパの神学者たちはキルケゴールに倣って実存の深みに語りかける神の声を聞いてそれに従ったのであった。それなのに今日の世俗化は、それよりもいっそう手強い状況をわたしたちに突きつける。これこそ世俗にどっぷりと浸かって安住している宗教的「無関心」という最悪の事態にほかならない。

世俗社会に生きる人間をハイデガーはかつて「俗人」（das Man）と規定し、その特質を「おしゃべり」・「好奇心」・「曖昧さ」によって捉えた（『存在と時間』35―39節参照）。確かに宗教に無関心な人はこうした傾向をもっているが、少なくとも「好奇心」をもっている人は、それでもやはり無関心ではない。したがって世俗化は今日では彼の時代よりもいっそう進んでおり、その世俗性は物質的な生活が満たされればそれだけで充分だと満足するところにある。物質的な満足は「満腹」のように極めて皮相にして一時的なものに過ぎない。そこには心の中心で感じられる真の「充実感」が欠けている。宗教はこの心の深みにかかわっている。この心の深部をわたしたちはこれまで「霊性」と呼んできた。

宗教的な関心は実はここから発現しており、わたしたちはさまざまな経験を契機としてこれに目覚めるように導かれる。したがってここから生じる関心は、「好奇心」のような一般的な関心から懸け離れていても、それでもこの霊性と繋がっている。総じて何かに関心をもつというのは、シェーラーも説いているように、根源的には何かに対する愛の現れなのである（金子晴勇『マックス・シェーラーの人間学』創文社、12–13頁参照）。人間であるかぎり、愛さない者がいないように、何ものにも関心をもたない人は存在しない。したがって漠然とした関心であっても、それが次第に高まって行くならば、「究極的な関心」（ティリッヒ）をもつにいたり、それによって宗教的な関心も起こってくるといえよう。

世俗化の度合い　これまで繰り返し指摘されてきたように世俗化は社会から宗教の勢力が減退していく現象であって、その進行の程度は、マリオン・レヴィが近代化の尺度を簡潔に規定して「動力の生物的資源に対する無生物的資源の割合」としている、この割合と根源を等しくしている（バーガー『異端の時代 —— 現代における宗教の可能性』薗田稔、金井新二訳、新曜社、6頁参照)。近代の技術社会がどんなに勢力を強めようとも伝統社会を完全に駆逐することはできない。昔から「共同社会なしには利益社会なし」といわれているように、利益社会である近代社会の土台は共同社会である伝統社会なのである。このように考えてみると、ハーバーマスが与えた近代社会と伝統社会の区別も、この割合によっていることが明らかになる。

ハーバーマス(Jürgen Habermas, 1929 -)は『イデオロギーとしての技術と学問』(長谷川・北原訳、紀伊国屋書店、61-62頁)や『コミュニケイション的行為の理論』(藤澤賢一郎他訳、中巻、未來社、23頁)でヴェーバーが近代社会と伝統社会とを「合理化」によって根本的に区別したのに対し、それとは「別の範疇的な枠組み」を提起し、「労働と相互行為」の根本的区別から出発する。彼は「労働」によって「目的合理的行動」を、「言語」によって「記号により媒介された意思疎通行為」をそれぞれ捉え、この二つの行動要因によってどのように社会がその特徴を形成しているかを解明した。それによると近代社会と伝統社会との区別も合理化という単一な基準ではなく、二つの行動要因のいずれがより重要であるか、あるいは優位を保っているかによって識別され、目的合理的行動は経済体系や国家機構といった組織によって制度化され、相互行為の方は家族や姻戚関係の中で制度化されていく。

この二つの行動の類型のうち相互行為が目的合理的行動を支配しコントロールしている社会

が伝統的社会であるのに対し、その反対の支配形態が近代技術社会である。このように人間の意思疎通の相互的行為の優位性に基づいて伝統社会が形成されるか、それとも労働の目的合理性の優位性によって科学技術社会が形成されているか、そのいずれかであることになる。ヴェーバーが伝統社会の非合理的な営みを批判したのに対し、ハーバーマスは価値中立的で実証的な科学技術社会といえども、伝統社会と等しく、その中で人間が特定の立場の便益や利便に奉仕するイデオロギーを確立し、生の無意味化と人間疎外を引き起している点を批判する。

こうして世俗化の現象は伝統社会と近代社会との割合によってその度合いが決定されることになる。確かに近代化は宗教の力を衰退させることによって人間性の危機を引き起こしているにしても、それは現実には国々や人間によって相当な開きをもって現象しているからである。

世俗化社会に対決する霊性

ところで世俗化社会に生きる人間にも、人間であるかぎり、生まれながらにして宗教心が備わっており、歴史的で伝統的な宗教はこれを育んできた。しかしこの宗教心が世俗化の影響によって正しく育成されない場合にはさまざまな問題が起こってくる。宗教心は人間の心に最も深いところに宿る「霊性」とも言われているが、これが働かないと理性や感性に対する抑制やコントロールを失い、理性のみに頼る極端な合理主義者や道徳主義者とか、感性にのみ従う皮相な芸術家や恐ろしい快楽主義者などを輩出させている。

だが、その他方では宗教改革時代の「熱狂主義者」(Schwärmer) のような、霊性のみを強調して理性や感性を無視した過激な宗教集団が、たとえばアメリカや日本で盛んになっているカルト集団が蜂起し、社会秩序を破壊し、暴力的破壊活動に走ることが起こる。これらの宗教運動は社会にとってきわめて危険な要因となった。それゆえ、これまで行われてきた宗教社会学的な世俗化についての研究と並んで、人間の本質自体を問題とする人間学的な研究が要請されているといえよう。

世俗化がどのように進んだとしても伝統社会を意志疎通行為を通して支えてきた宗教が全く消失することはなく、たとえ少数派であっても、個人の意識と意志において宗教がその力を発揮することは今なお期待できる。この意味で人間を危機に陥れた世俗化の時代においても、思いがけぬ力が霊性として個人の内部で目覚めることが期待できよう。もしそうなら、世俗化社会で見失われていた新しい宗教的な価値が個人の内で創造されることによって、人間の危機が克服され希望をもつことができる。

霊性の草の根

その際、わたしたちは宗教が生きていた伝統的な社会に生まれたさまざまな人生物語に注目してみたい。これまで社会に浸透しており、人々の意識の深層に定着しているさまざまな物語を想起する必要があると思われる。たとえば神話・伝説・聖者伝・民話・昔話によって伝えられている意味深い世界を想起してみたい。これらの物語は人々の日常生活よりもいっそう深い世界を知らせる物語であって、たとえば神話によってわたしたちは民族の歴史のみならず世界創造の始源にまで遡って新たに神の力を与えられることができるし、伝説や聖者伝によって奇跡の力に触れることもできる。また、口承によって民間に広く浸透している民話によって新たに生きる力を授けられ、「わたしたちは昔話を通して霊の国に入る」(ヘルダー)こともできる。これによってわたしたちは現実世界からの圧迫や支配から解放され、過酷な運命からも自由になることを期待できよう。(「キリスト教思想史の例話集」全6巻として準備中)

これらすべては世俗化の渦中にある者にとっては目に見えない超自然的な世界、つまり異次元の世界に過ぎないにしても、人が真に生きる生活世界をわたしたちに垣間見させてくれる。ここにわたしたちは宗教の生命を喪失している世俗化社会でも人間の深層に隠されている霊性を掘り起こすことができよう。このような試みは、外見的には宗教世界が消滅したと思われる世俗化社会において、内面的な宗教心である霊性の「草の根」を探求することを意味する。

神を感得する霊性

現代の世俗化社会では超自然的な経験を回復させる道をこれまでさまざまな方法で探求してきたが、わたしたちは最後に**神を感得する霊性**そのものの作用について考察してみたい。今日の世俗化された社会でもっとも手強い敵は先に指摘した「宗教的な無関心」であった。ドストエフスキーの『悪霊』に出てくるチホン僧正は無神論よりも無関心の方が手に負えないと嘆いていた。無関心な人は世俗にどっぷり浸かっていて現世に満足しきっている。しかし、それはよく見ると単なる錯覚に過ぎない。少しでも反省してみれば、そこでの「満足」は物質的な満足（たとえば満腹）のように極めて表相的にして一時的であり、優れた価値感得に伴われる「満足の深さ」がなく、したがって「充実感」という高い価値基準が欠けている。優れた価値はわたしたちの「心情」を深い充実感をもって満たし、人格を成熟させるものでなければならない。

わたしたちはこれまでヨーロッパのキリスト教思想史において多くの宗教的な思想家が霊性について語っていることを指摘してきた。とりわけシュライアマッハーが説く「心情の宗教」こそ、心に深い満足を与える宗教経験をわたしたちに伝えている。彼は敬虔主義によって培われた信仰をもって16世紀プロテスタンティズムの信仰をよみがえらせながら、当時支配的であった二つの形態、すなわち厳格なルター派正統主義と啓蒙主義的合理主義に対決した。敬虔主義は個人の宗教経験を強調したが、彼は経験の別名である「感情」(Gefühl)を強調するロマン主義の運動に参加し、さらにカントの宗教哲学が強調した理性の限界性に基づく「宗教の批判」をふまえ、カントを修正した形でその宗教哲学を完成させた。

このように彼は自己の経験に基づきながらも当時の世界観と対決し、それを批判的に総合していった偉大な修正主義者であった。ここに彼の思想の人間学的特質がある。このような彼の神学は経験的であり、だれにも近づきうる事実から出発するがゆえに、人間学的であるが、具体的な経験から出発するがゆえに、神の啓示に立って人間学を否定する立場、たとえば人間学を人間主義として理解した、カール・バルトの神学とは正反対の性格をもっている。したがって宗教社会学者バーガーも「もし新正統主義〔カール・バルトの神学〕が宗教思想の出発点を人間的経験よりは神の啓示に求めるとすれば、シュライアマッハーの帰納論的アプローチはたしかにこの対角線上に対立するものである。両者が並び立つことはない」(バーガー『異端の時代』、176頁)と述べている。ここで宗教的な経験から出発する立場は、啓示神学が演繹的であるのに対し、「帰納的」と言われる。この帰納というのはスコラ神学の概念的な演繹《えんえき》主義に対抗しており、ルターがその信仰経験にもとづいてスコラ神学から転じて帰納主義の哲学に向かったのと同じ現象である。したがってルターではこういう仕方で霊性によって理性が生かされることになった。

このようなシュライアマッハーの宗教的な「心情」はドイツ神秘主義の伝統によれば「魂の根底」と同義であり、「根底」はルターによって「霊」もしくは「霊性」に置き換えられていた（金子晴勇、『ルターとドイツ神秘主義』創文社、480―482頁を参照）。さらにこの「霊」はルターにおいては「信仰」と同一視されており、彼の信仰義認の教説と矛盾しないだけでなく、義認を支える経験として積極的に語られていた（前掲書、180―196頁を参照）。シュライアマッハーは当時盛んに説かれていた人類共通の普遍的「自然宗教」という啓蒙主義の主張を、単なる抽象物に過ぎず、経験的にみて妥当性を欠いていると批判した。したがって彼によると歴史のなかで具体的に成立した実定的宗教は、それぞれの宗教経験に即して「経験という源泉」から考察すべきである。ここから彼は『宗教論』の最終講において諸々の既成的な「実定的宗教（positive Religion）」に対立してなぜキリスト教を選ぶべきかという問題をも探求した。それは同時に諸宗教にわたって霊性の比較考察も可能にするのであって、神や聖なるもの、永遠者や絶対者また超自然的なものが霊性によって豊かに表現されていることの現象学的考察となるであろう。

愛のわざ

これまで語ってきた「霊性」の作用は超越的な存在や永遠者を捉える働きをもっているだけでなく、さらに優れた「愛のわざ」を生み出したのであった。パウロがコリントの信徒への第一の手紙で「霊的な賜物」について論じたところで、「知恵・知識・信仰・癒し・奇跡・預言・異言」について述べてから「もっと大きな賜物」また「最高の道」として「**愛のわざ**」について詳しく語っている(第13章参照)。これについて紹介することはここでは割愛するが、「愛は自分の利益を求めない」(同5節)という特徴についてだけ注目したい。というのはキリスト教の霊性の特質は実にこの「自分の利益を求めない」愛のわざに求めることができるからである。

このことをいっそう明らかにするために、ルターの名作『キリスト者の自由』の結論が高らかに宣言した「**最高の自由**」について想起してもらいたい。そこでの結論は、キリスト者が「キリストにおいては信仰を通して、隣人においては愛を通して生きる」ということであった。その結果キリスト教的な自由とは結局「自己自身において生きない」(lebt nit ynn yhm selb 原文のママ)ような「**自己からの自由**」と考えられ、これなしには「信仰」も「愛」もなく、現代社会に蔓延した生き方「自己主張欲」のみがすべてを支配することになる。それゆえ他者への奉仕にこそ霊的な信仰の本質がよく示される。しかも世俗の唯中にあって直接他者に奉仕するわざは霊性によって起こる積極的なわざなのである。

この他者に奉仕するわざは力の満ちあふれた愛となって働く。この愛は信仰と霊性による自由の高みから愛の低さに降りてゆくものであって、そこに生じる落差こそ信仰の燃えるエネルギーであり、ここに新しい倫理的な形成力が起こってくる。このような霊的な新しい倫理は現代の世俗化社会ではどのように具体的に展開できるのであろうか。ここに現代に危機を突破できる最終的な結論が潜んでいる。

このようにしてわたしたちは宗教改革時代に起こった世俗化の肯定的な意義をここに再確認し、キリスト教の霊性に目覚め、喜びをもって愛のわざに励むならば、現代の世俗化社会が陥っている危機といえども必ずそこから脱出できる希望をもつことができる。大切なのは社会に対していっそう積極的に関与するキリスト教的な愛の精神なのである。

[談話室] 今日でもキリスト教の意義はあるのか

これまで考察してきたことから明らかなように世俗化の現象は、近代のヨーロッパに起こった歴史的・文化的・精神史的・宗教的な大きな出来事であって、近代社会の成立およびその進展と深く関わっている。ところが一般にはこの現象は注目されることなく、今日に及んでいる。歴史的に見てきわめて重大なこの出来事は現代のヨーロッパのみならず、近代化した我が国にもその影響が及んでおり、すでに同様な大きな変化を起こしている。しかしこの出来事は、同時に、わたしたちの実生活にも甚大な影響を及ぼしており、単に社会学的にもっと関心を寄せるべき問題であるばかりか、人間性に危機を孕んでいるといっても言い過ぎではない。それゆえ、今日では文化を剥奪された悲劇的な人間そのもののあり方が問われており、世俗化された人間についての人間学的考察がなされなければならないといえよう。

宗教社会学者たちの研究によると世俗化は、近代技術社会の成立と共に生じてきた現象であって、伝統社会がもっていた非合理的な「呪術からの解放」(ヴェーバー)がなされ、宗教選択の自由・伝統に対する相対主義・宗教の多元主義・超自然的世界の消失など(バーガー)が現代社会を風靡するに至った。さらに世俗化された人間の実体も暴露され、世俗化した末人の姿が「精神のない専門人、心情のない享楽人」（ヴェーバー）や「故郷喪失者」（バーガー）として突きつけられ、そこにわたしたちは人間性喪失の危機を感じざるを得ない。

世界大戦の終結時にマックス・ヴェーバーはミュンヘンで学生に向かって有名な『職業としての学問』のなかで、個人的な世界観や主義・立場から自由になって客観的な学問をめざすように勧め、合理化と脱魔術化によって崇高な価値が消えていった「時代の運命に耐えるように」と語った。彼は資本主義がもたらした現実に対し、近代の初めにさかのぼって歴史的な考察をなし、本論で示したような社会的行動の意義を解明した。そこには近代社会の宿命を承認した上で、これを批判的に見直そうとする態度が明らかに表明された。このことはキリスト教思想史にとってきわめて重要な意味をもっているので、終わりにその点を考えてみたい。彼はその講演で次のように言う。

今日、究極にしてもっとも崇高な諸々の価値は、悉《ことごと》く公の舞台から引き退き、あるいは神秘的生活の隠れた世界の中に、あるいは人々の直接的な交りにおける人間愛の中に、その姿を没し去った。これは我々の時代、つまり合理化および主知化、とりわけあの魔法からの世界解放を特徴とする時代の宿命である。かつて嵐の如き情熱をもって幾多の大教団を湧き立たせ、かつ、これらを互に融合せしめた預言者の霊（プネウマ）に相当すべきものは、今日ただもっとも小規模な団体内での交りの中にのみ、しかも最微音をもって脈打つてゐるにすぎない。このことはいづれも理由がないわけではない。……このことからわたしたちは、いたずらに待ち焦れているだけでは何事もなされないという教訓を引き出さう、さうしてかうした態度を改めて、自分の仕事に就き、「時代の要求」に——人間的にもまた職業的にも——従おう。このことは、もし各人がそれぞれその人生を操つてゐる守護神（デーモン）をみいだし、かつ、それに従うならば、極めて容易に行はれうる。

（ヴェーバー『職業としての学問』尾高邦雄訳、岩波文庫、70―73頁、改訳）

ここにはキリスト教人間学の核心をなす「霊性」が説かれており、それが大集団を導いた預言者の「霊」（プネウマ）であったのに今や小集団の内に限定され、その働きも「最微音」によってしか気づかれないと説かれる。しかし各人を導く守護神であるダイモンに従うならば、その導きによってわたしたちは悲惨な人生の戦いをも生き抜くことができる、と彼は霊性の覚醒者のように語った。

こうした世俗化の進行は、今日、全世界に波及し、これまで考察してきたように宗教に対する無関心を蔓延させるようになった。近代社会が今日の欧米社会のような経済的に一応安定した社会を形成してくると、人々は伝統社会で維持されてきた宗教を衰退させてきたが、それでも宗教を全く排除することはできなかった。というのは近代社会において人間が社会から離れて個人化が進み、社会における宗教の力を衰退させて、世俗化を促進したとしても、本論でルックマンなどによって指摘されたように、宗教は他ならないこの個人の領域のなかで生き続けているからである。

だが、このような個人が集まっても、世俗化された社会では少数派とならざるを得ない。ところがアウグスティヌスがその著作『神の国』で示唆したように、キリスト教はローマ帝国内ではマイノリティー（少数派）にすぎなかった。ところがこの少数派にはキリスト教信仰がその霊性の輝きとなって、連綿として続いていたのである。ヨーロッパのキリスト教思想史を学ぶものはこのことを想起すべきである。

世俗化は今日ではヨーロッパ古代よりもいっそう進んでおり、その世俗性は物質的な生活で充分だと満足するところにある。だが、このような満足は極めて皮相にして一時的なものに過ぎない。そこには心で感じられる「充実感」がない。ところが宗教はこの心の深みにかかわっており、この心の深部をわたしたちはこれまで「霊性」と呼んできた。

宗教的な関心は実はここから発現しており、わたしたちはさまざまな経験を契機としてこれに目覚めるように導かれる。そこには単なる「好奇心」のように真剣な関心から懸け離れていても、それでもそれは成長することができる。人間であるかぎり、何かを愛さない者がいないように、何ものにも関心をもたない者もない。したがって漠然とした関心であっても、それが次第に高まって行くならば、「究極的な関心」（ティリッヒ）をもつようになり、それによって宗教的な関心も起こってくるといえよう。したがって今日のような世俗化社会にあっても、このような関心や霊性が認められるかぎり、宗教的な語りかけである「説教」や「教説」もその意義を決して失うことはないといえよう。

付論　現代の経済・政治倫理批判

A　経済倫理

経済（economy）は語源的には「家の法律」（oikos-nomos）に由来するように、人間の物質的生活と物質をとおしての活動を意味している。それは人間の生存の物質的側面の法則を、人間が形成しつつある歴史的世界の諸条件のなかで探究することにかかわり、生活の物質的基礎である貨幣、財、富、さらには労働や職業といった人間的諸問題にまで関係する。伝統的区分によれば経済は財の生産、分配、消費に分けられ、この過程のなかで人間のもろもろの価値はその存亡がかかっている。というのは何が生産され、分配され、消費されるのかというだけではなく、いかにそれらが行われるかということが誠に大きな問題だからである。こういった事柄は経済現象にのみ限定できず、個人と共同体の全体に影響をおよぼしているからである。さらに経済的機構が国家の政策を支配し、現代のように資本主義と共産主義とが対決しようとしている状況においては、経済と政治とのあいだの境界線がしだいに消えて分かちがたくなっている。現代の経済は一つの力としてわたしたちの個人的・社会的生活を大きく左右している。しかし、この力は台風のような自然力ではなく、人間が形成した力である以上、そこには倫理的作用がなければならない。ここでは現代の有力な経済学の諸理論には言及しないで経済と倫理、とくに**キリスト教倫理**との関係についてのみ考えてみたい。

イエスの経済倫理

「心の貧しい者は幸いである……」ということばではじまる山上の説教を読んでみると、物質的、経済的配慮なくしては人間の幸福はありえないと、誰でも疑問をいだくであろう。また聖書を読み進んでいくと貧しい人々がイエスの福音を聞き、富める人々が彼の許を去っていることがわかる。だが彼は貧しい人々が富を獲得するように助けたり、また遺産を公平に分配するようにと忠告したりして、経済問題に積極的な解決を与えようとしているのではない。かえって合理的分配の法則に違反しても「この最後の者にも」一日分の賃金を払う主人の物語さえ語っている（マタイ20・1─16）。むしろ彼は「あなたがたは地上に富を積んではならない。そこでは、虫が食ったり、さび付いたりするし、また、盗人が忍び込んで盗み出したりする」（マタイ6・19）とあるように、天に宝をたくわえるように教える。しかし、このように言ったからとて、イエスが現世の富を軽視したり、貧困それ自体を賛美したわけではない。イエスは禁欲主義者ではなかった。食事と労働とは生活に必要なかぎり、意味あるものとみなされた。彼は、ユダヤ教の終末論の影響もあったであろうが、天父への深き信頼によって穏やかに勧めをなして次のごとく語る。「明日のことまで思い悩むな。明日のことは明日自らが思い悩む。その日の苦労は、その日だけで十分である」（マタイ6・34）、「柔和な人々は、幸いである、その人たちは地を受け継ぐ」（同5・5）と。

人間の生活は経済的要素からのみ成立しているのではないことをイエスは強調して、「人はパンだけで生きるものではない」（同4・4）という。この有名なことばが発せられたのは、悪魔である誘惑者が、かつてアラビアの砂漠でモーセが行ったマナの給食を実現させてみて、自分が世界の救い主メシアたることを実証しなさいとイエスに勧めたのを拒否した時である。イエスはマナの給食という奇跡により、自分のメシアであることを立証するのをしりぞけ、人は信仰と服従とをもって神のことばを聞くべきであると説いた。イエスはここで現世主義、経済的富の絶対視、経済至上主義を拒否したのであるが、彼は彼の福音を聞く者に、現世かそれとも神かの二者択一の決断を迫る。「だれも、二人の主人に仕えることはできない。一方を憎んで他方を愛するか、一方に親しんで他方を軽んじるか、どちらかである。あなたがたは、神と富とに仕えることはできない」（同6・24）。神を選ぶ者には、神は空の鳥や野の花にまさって生活に必要なものは与えてくださると説く。イエスの神はすべてを授け、人間はいっさいを受ける。この授受の関係は「貧しい者が幸いである」という逆説的な関係であり、貧しい者が神の富と救いに近いのは、貧しい者が福音を受けるにふさわしい人びとであり、富める者の高慢と自己満足とが福音にとって躓きとなっているからである。

初代教会の愛と共産主義

イエスはもっぱら魂の救いのことを問題にしたのであって、宗教的社会改良家でもなければ、抑圧階級の解放者でもなかった。むしろ旧約聖書の預言者たちのほうが経済的搾取の悪について批判し、その廃止を訴えている。イエスが強調したのは不正なる社会体制の是正でも悪人の処罰でもなく、「友のために自分の命を捨てる」（ヨハネ15・13）ほどの自己犠牲的な愛、敵をも愛する無条件的な愛であり、全財産の放棄は彼の弟子たることの重要な条件であった（ルカ10・26、18・22）。イエスの弟子たちはこの教えを実践し、使徒言行録（4・32―35）に見られるような共産主義的共同体を形成していった。これは信徒が資産を売り、献金し、消費の共有を行ったものであり、社会改革のプログラムといったものではなく、妨害者に対する敵対感情もなく、トレルチが指摘するように、それは「**愛の宗教的共産主義**」と呼ばれるものである（E. Troeltsch, Die Soziallehren der christlichen Kirchen und Gruppen, G. S. Bd. I, S. 50.）。この共産主義はキリスト教の副産物にすぎず、初代キリスト教会の本来的目的は魂の救いのほか何もなかった。

経済的富は労働の報酬という形で与えられることはイエスも認めている。「働く者が報酬を受けるのは当然だからである」（ルカ10・7）と。また使徒パウロも宗教に熱狂するあまり、いたずらに動きまわっている人々に警告していう、「自分で得たパンを食べるように、落ち着いて仕事をしなさい」（Ⅱテサロニケ3・12）と。イエス自身大工の子であったし、パウロも天幕作りの手職人であった。このように初代教会の終末論の下でも、経済的行為としての労働の意義は認められていたのである。

中世カトリシズムの経済と倫理

聖書が労働の意義を認めていたのに対し、ギリシア社会は貴族政治的であり、プラトンやアリストテレスは労働階級を低く見、知識階級が哲学する余暇をうるために労働しなければならない人々と考えた。したがって祭司階級・防衛階級・労働階級という階級の区別は精神と身体との二元論というヘレニズムの特質とともに中世の思想に重大な影響を与えた。このような手工業的な労働に対する低い評価は封建社会の階級構成と結合し、宗教的に許可された。祭司や修道僧（尼）の聖職は通常の労働よりも一段と高い霊的神聖さをもち、観照的生活（本質を客観的に冷静にみつめ、美を認識する生活）は行動的生活より高い価値があると考えられた。行動的な生活のなかで手工業的な労働の必要は認められ、神により定められたものとみなされたが、低次の身分に属すると考えられた。それはアリストテレスの影響、原罪の呪いとしての労働観、現存の社会体制の宗教的維持などによって確立されていた。また教会法による利子禁止は経済的な企業活動の前提条件である信用制度を圧殺していた。しかし十字軍以来都市の商業が発達し、営利の追求が思いのままとなると、現実の生活と倫理とが分裂し、一方では利益を追求し、他方ではこれを罪深い俗悪な行為と感ずる、経済と倫理の二重構造となる。その結果、アウクスブルクのフッガーのような高利貸資本の独占的活動が教皇レオ10世と結託し、免罪符の販売を大規模に行わせることにもなった。ルターはこれにははげしく抗議した。

プロテスタンティズムの経済倫理

ルターは中世的聖・俗の倫理的二元論を徹底的に破壊した。彼が世俗生活の神聖さを強調したことは宗教改革のもっとも重要な功績の一つにかぞえられている。「世俗的職業こそ召命にもとづく使命なり」という職業観念は倫理の転換となった決定的契機である。さらにこの職業観はカルヴァン主義の実践的態度と結合することにより、近代的職業観念を完成させた。**カルヴァン主義**はピューリタニズムとして政治的デモクラシーと経済的個人主義に導く原動力を与えた。

ヴェーバーは有名な『プロテスタンティズムの倫理と資本主義の精神』という書物で、資本主義の誕生にカルヴァン主義が貢献していることを強調した。勤勉、倹約、禁欲というピューリタン的徳性に与えられた宗教的認可により、興隆しつつあった資本主義が強い支柱を見いだしたことは事実である。しかし現代では、ヴェーバーも指摘するように初期の宗教的職業観念は自己が育てた鬼子である資本主義の「精神」により簒奪《さんだつ》され、飽くなき利潤追求の精神に変質してしまった。

経済についてのキリスト者の態度

経済と倫理についての以上の歴史的考察からわれわれは経済にたいするキリスト者のとるべ

く態度のいくつかを指摘できよう。

(1) 現代にも見られる経済至上主義に対しキリスト者は批判的に対決する。キリスト者自身神か富かの二者択一において神への信仰的決断をなしたものであり、経済の桎梏《しっこく》から自由となっているべきである。

(2) 特定の経済体制をもって神の国とみなすべきではない。相対的なものを絶対視する誤りは避けるべきである。また現代社会の錯綜した複合体のなかで完全な経済的正義は実現困難であっても、可能な限り改善すべく努めなければならない。

(3) マルクス主義の生産力・生産関係という下部構造一元論に対し、経済の歴史的発展に宗教的理念が占める役割をヴェーバーが指摘したように、宗教は阿片ではなく、経済の運動に作用し、それを制御し、人間的目的へと導く倫理的形成力を持っている。

(4) 経済生活に見られる狂言的仕事本位の人生観は内心の不安と空虚を露呈している。これは労働への意思の欠如と同じく、人生の永遠的意味の喪失に由来している。

B　政治倫理

今日「政治倫理」という言葉を聞くと、政治家の賄賂《わいろ》や不正献金などの受託収賄《しゅうわい》罪を正すことかと一般的には考えられる。その際、政治家が権力を私物化して私腹を肥やすことが警戒されていても、実は政治が一個人の財産とは比較にならないほど甚大な影響力を社会や世界に及ぼし、人類の幸・不幸と直結している事実が看過されがちである。政治倫理は最も現代的にしてかつ重大な問題にかかわっていることに注意が喚起されなければならない。

ところがキリスト教では宗教が直接政治に関与しないという政教分離の立場がこれまで確立され、一貫して堅持されてきていた。イエスは「皇帝のものは皇帝に、神のものは神に返しなさい。」（ルカ20・25）とはっきりと語り、「わたしの国は、この世には属していない。」（ヨハネ18・36）と宣言して、政教分離の立場を鮮明にかかげた。事実、イエスはダビデ・ソロモン王国の復興を願う政治的な栄光のメシアたることを拒絶したのであった。イエスの時代では宗教と政治とは密着しており、民族ごとに神々を立てて政治に利用していたことも事実である。現代の政治家のなかには宗教を利用して、人々に現実を直視させないで、彼岸へ目を転じさせようとした者も多かった。これでは宗教がマルクス主義たちによって阿片であると言われても弁解の余地がない。したがって政教分離政策によって宗教と政治とは、建前では分離していても、実際は密通している場合が多い。それゆえ、キリスト者は政教分離の原則に立ちながら、現行の政治に対し、特に誤った宗教政策に対しては鋭い批判を向け、常に宗教を利用しようとする政治家の姿勢を正さなければならない。これこそキリスト者の政治倫理の課題である。

キリスト教の政治に対する批判は、無政府主義者や今日の過激派の行動のように、現体制の破壊のみを意図するものではない。そこには社会を建設する積極的な意見がなければならないにしても、キリスト教自体が政治的プログラムをかかげたり、綱領を立てて、自らを政治的イデオロギーと化することは、政教分離の原則からして退けられなければならない。キリスト教倫理は「神が人間のために何をなしたもうているか」と問うて、現実を人間的に見るだけでなく、つねに同時に神の目をもって見、神の意志にしたがって判断し、キリストとの交わりである教会を通して、世界に対し奉仕すべく派遣されているとの自覚に立って政治批判に従事すべきである。では、いかなる批判を政治に対して行なうべきか。

国家と社会の物神化に対する批判

ここでいう「物神化」（fetishism）とは、ある物体や存在に霊力が宿っているとみなして崇拝し、それによって災いを免れようとする呪物崇拝《じゅぶつすうはい》のことで、マルクスが『資本論』の「商品の物神化」としてこれを述べて以来、一般に用いられてきた。なかでも国家は太古以来神話によってその起源を物語り、永遠の支配を確保するために、物神化につとめて来たのである。このことは古代神話に見られるのみならず、「20世紀の神話」（ローゼンベルク）においても表明されている。現代に見られる政治権力の疑似宗教化はナチス・ドイツの第三帝国で典型的に示され、それが「千年王国」として現われ、ヒトラー総統は「救い主」として君臨し、その著作『わが闘争』は「正典」となって、異端を「審判」し、「選民」ゲルマン民族の栄光のためにユダヤ民族の絶滅を「最後審判」として執行する。このような物神化は社会や階級にも生じている。社会が自分の要求や原理また目標を「究極のもの」とみて、「究極以前」（ボンヘッファー）と見ない場合に、自己神化という物神化が生じる。共産主義がその典型で、マルクス・レーニン主義は絶対の真理として信仰対象となり、強烈な宣教的使命を喚起し、人々に転向（回心）を迫り、教条主義と権威主義のもとドグマ化によって洗脳し、ハンガリー、チェコ、アフガニスタンで帝国主義が露呈しても、信仰は実に微動だにもしないようになる。

政治神話は今日いたるところで生じ、疑似宗教的な政治体系に対する信仰が高まっている。日本の靖国問題も政治の神話化の兆といえよう。民族、人種、階級などはたやすく物神化され、神々として君臨し、世界は神々の闘争場になる。

キリスト教は自らを神話化し、神々の闘争に連座したりしない。むしろ唯一神の支配の下に神々を置いて、政治神話の非神話化と非物神化を敢行し、あらゆる形態のユートピア主義の幻想に反対し、政治をこの世の相対性に連れもどそうとする。これこそキリスト教の政治倫理の主要なる課題である。

批判的連帯の行動原則

キリスト教倫理は社会に対し根本的には「奉仕」の倫理に立ち、福音の力に促され、献身的な愛によって人間の福祉と世界平和を目ざし、非人間化するさまざまな疎外に対し挑戦し、人々に奉仕することを説いた。その際、政教分離の原則によって社会の中心にキリスト者の交わりとしての教会を立てることを断念し、社会に対し伴侶（パートナー）として連帯することを志すべきである。しかし、それは社会のなかに埋没するのでも、福音を放棄するのでもなく、前述のように批判しながら大衆と共に立とうとする。これが「批判的連帯」（H・D・ヴェントラント）の主張である。ミュラーはこの批判的連帯について次のように言う。

この概念は二つのことを含んでいる。すなわち、まず第一に、教会は、社会に対する積極的態度によって、教会のメンバーが自分もまたこの社会の構成員であることを自覚し、社会のすべての問題と重荷に全面的に関わっていることを証明しなければならない。それと同時に第二に、教会は、すべての人間行動が、社会の領域における活動を含めて、人間の罪と疎外とにさらされ、歪曲と倒錯によって脅かされているという事実を十分に知っていなければならない。(『現代キリスト教倫理』宮田・河島訳、YMCA出版、82頁)

このような二面性によって「批判的連帯」は実行に移されなければならない。たとえばポーランド労働運動の「連帯」とワレサ議長の行動はこの精神に従っていたといえよう。この運動が国家権力によって弾圧されたことは不幸な結果となった。そこには性急になりがちな運動を議長がコントロールできなかった点で問題を残したといえよう。

この批判的連帯こそキリスト教倫理の社会的実践にとって一つの指針を与えるものである。しかも社会の内部から新しい秩序を形成し、組織の内側から人間化につとめ、下からの奉仕によって「細胞的構成」（ヴェントラント）を試みる方法は、体制内改革を超えた革新的な歩みとなった。しかも、職場にあって各自が専門的知識にもとづいて連帯を達成するのであるから、これによってプロテスタントの万人祭司制を刷新した「万人奉仕者主義」の原理が確立されることになる（宮田光雄『政治と宗教倫理』岩波書店、103―105頁参照）。

キリスト教倫理の社会的実践は、このように社会の内側から、しかも下部から働きかけて行くとしても、社会のなかにキリスト教的秩序を樹立しようとするのではない。奉仕するとは自分の思想を実現することを言うのではなく、また対立するイデオロギーの渦中にあって、そのいずれかに加担するのでもない。むしろイデオロギーから全く自由となり、社会の福祉と世界の平和、および人間疎外の克服に向けて献身することが奉仕の目的であり、連帯のわざが実現しようとするところである。

抵抗権と政治的参加

ローマ人への手紙13章1節の「すべての人は上に立つ権威に従うべきである」は、キリスト教会と国家権力との関係でたえず問題にされ、解釈においてカオスを生みだした。パウロ自身はユダヤ教の政治的メシア思想の問題性を熟知しており、皇帝礼拝の危険性を感じてはいたが、国家による現世の統治を神の意志によるものとみなしていた。ローマの市民権を盾にカイザルに上訴している事実によって知られるように、彼の時代にはキリスト教会とローマの国家的支配とは対立していなかった。ローマの信徒への手紙にある「上に立つ権威」についての考えは、ヨハネ黙示録13章の「獣」としてローマをサタン視することとは全く様相を異にしている。獣には神を汚す権威が授けられたように、そこではキリスト教が迫害の時代に入っていることが判明する。

　ローマの信徒への手紙13章1節（「人は皆、上に立つ権威に従うべきです。神に由来しない権威はなく、今ある権威はすべて神によって立てられたものだからです。」）にある国家権力についてのパウロの発言は、国家の意義を現世を統治する秩序的権能に認める神学的根拠となり、さらに国家権力への服従と無抵抗を教えるものであると説明された。また、国家の役割を中立的に考え、社会を保持する秩序とみなしたり、救済の秩序と関係しないと説かれたり、さらにこれらの諸説とは反対にキリストこそこの「上に立つ権威」の主《しゅ》であるとする解釈もなされた。しかし、国家はあくまでも地上の相対的な権威をもつ、人間的な秩序であって、神の救済に奉仕するにすぎない。したがって教会と国家は二つの同心円の関係に立ち、「教会は、かのより広い円の内なる円として、市民共同体の庇護の下に存在を許されている」（クルマン）といえよう（ブルトマン『歴史と終末論』中川秀恭訳、岩波書店、2頁）。したがって教会は内《うち》に宣教のわざをなし、外に向かっては国家の課題にも政治的に参加し、連帯的責任を負うている。ところが国家が自己を絶対化し、教会に敵対して悪魔化するとき、教会は批判的に対決し、それに抵抗する権利をもっている。ルターはローマの信徒への手紙13章1節によって国家権力への服従を説いたが、やがて国家権力が乱用されるようになると、これに対しては抵抗権を主張し、皇帝に対し自己防衛のために戦うことをも承認するようになった（『ルター神学討論集』金子晴勇訳、教文館、296–306頁参照）。

キリスト者の政治への参加は国家権力の暴走と越権行為を批判するためにも、必要不可欠のことであり、一方においてその秩序機能のゆえに国家を尊重し、服従するが、他方において厳しく批判的に対決する。それゆえ、キリスト者の政治倫理は状況に応じて適切に展開されなければならない。

あとがき

本書をもって『キリスト教思想史の諸時代』(本巻全7巻)をわたしはようやく完成させることができました。この著作を纏めたいと考えたのは、13年前に定年を迎え、時間の余裕ができたので、未完成になったまま放置されていた仕事を整理し始めたときでした。勤めているときは日々の仕事に追われて著作でも翻訳でも思うようにはかどりませんでした。そんなわけで残された仕事は山積しておりました。そこで比較的楽な研究テーマの論文と翻訳から着手し、多くの著作と翻訳を完成することができました。しかし最後に残ったのが最大規模のキリスト教思想史でした。この仕事は40年前に出版した『キリスト教思想史入門』を充実させて、本格的な著作として完成させようとの願いから開始したのですが、実はアウグスティヌスの翻訳に時間を費やしてしまい、不完全のまま放置され、中途半端なままになっていたのです。ところがこれまで実行してきたように原典を読んで研究することができない歳になってしまいました。それでもあきらめきれず、何とか完成させたい願望を抑えることができなくなり、多くの研究を残したまま不完全であっても纏めたいと考えるようになりました。こうしてこれまで書いてきた論文類を全7巻に纏めるにいたったのです。その計画を本シリーズ第1巻の「あとがき」にも述べたように、3年前に開始し、その最終巻でもってそれを完成させることができました。

わたしはこの著作を新書版で書くことになり、多くの歴史的展開を省略し、しかも簡潔に書かざるを得なくなりました。またこの最終巻は現代ヨーロッパのキリスト教思想史なので、わたし自身の経験、とくにドイツ留学の経験にしたがって書いてみることにしました。わたしたちの時代の最大のテーマはヨーロッパのキリスト教会を襲った**世俗化の問題**と**ヒトラーのファッシズム**との闘争でした。そこでこの問題にキリスト教思想家がどのように対処したかを叙述することにしました。それはわたし自身が若いときに身をもって体験したことでもあったのです。

わたしも同時代の人々と同じく日本の軍国主義と悲惨な敗戦、さらに戦後の思想の混乱をつぶさに体験しましたので、ヨーロッパにおける同様な出来事がどのように起こり、克服されたかを問題とせざるを得ませんでした。

わたしが育った家は仏教に属しておりましたが、母が明治時代に活躍したギリシャ正教の伝道師の家系に育っており、姉も熱心なキリスト教徒であったので、その影響によってキリスト教の教会に幼い頃から通い、洗礼は後になってから受けましたが、中学生のときから熱心なキリスト教徒でした。また戦後すぐに教会の指導によってルターやアウグスティヌスを学びはじめ、高校時代には日本の思想家とくに内村鑑三や三谷隆正の著作に親しみ、哲学では三木 清に心酔してきました。後にわたしが哲学を学んだのも、とりわけ人間学の方法を採用したのも、三木の影響なのです。ところが家が商家でしたので、学問研究など考えたこともなく、大学では経済学を学びました。それでも社会思想を専攻し、アダム・スミス、カール・マルクス、マックス・ヴェーバーの思想には早くから親しんできました。その頃はヴェーバーの主著はまだ翻訳がなく、大塚久雄の『宗教改革と近代社会』を熟読し、『プロテスタンティズムの倫理と資本主義の精神』の翻訳が出るや否や早速それを熟読しました。こうしてやがて哲学への関心が再燃し、哲学科に転科し、アウグスティヌスの『神の国』の社会思想を特に研究するようになりました。

こうした経験からわたしはヨーロッパのキリスト教思想史をさらに続けて学びたいとの熱望を懐くようになり、大学院でアウグスティヌスとルターの研究を継続するようになりました。今回の最終巻で世俗化の問題を採りあげたのは大学時代に学んだヴェーバーの著作、特にその後半に展開する優れた分析から学んだことです。若い時代に学んだことはわたしのなかで結実し、いつも研究の主題となっています。なかでも青年時代に熱心に学び、習得した**キルケゴールの思想**

は、近代思想を克服する鍵となる視点をわたしにもたらしました。しかし彼の単独者の思想には共感しながらも、彼の婚約者に対する態度の批判から、マルティン・ブーバーの対話の哲学を採用するようになりました。ですから実存思想から対話の哲学に視点を移すことによって初めてわたし自身の思想を確立することができました。今回の書物でもこの視点が現代思想をわたしが批判するときの背景となっていることをご理解いただきたいと思います。

終わりに本書第7巻の初出をまとめて提示しておきます。

1　「はじめに」は、わたしの最初期のエッセイ「デーモンとの闘争」、立教大学「チャペル・ニュース」1973年4月号からの転載である。

2　「世俗化とは何か」は『近代人の宿命とキリスト教』聖学院大学出版局の第1章「現代ヨーロッパ社会における世俗化の問題」を改作する。

3　「解体の時代」は『人間と歴史』第8章「解体の時代」の要約である。

4　「ワイマール文化」は『ヨーロッパの思想文化』教文館、1999年、第5章第2節「ワイマール文化」を改作した。

「大衆化現象の問題」は『対話的思考』創文社、1976年、第3章、第3節「大衆と独裁者」とヴァイツゼカー『科学の射程』法政大学出版局、1969年、「訳者解説」を使って縮小した。

8「ヒトラーのファッシズムとの対決」は『キリスト教霊性思想史』教文館、2012年、第19章、第3節「ボンヘッファーとシモーヌ・ヴェイユ」を転載した。

10「世俗化社会との対決」は『近代人の宿命とキリスト教』（前出）第5章を縮小し改作した。

付論「現代の経済・政治倫理批判」は『キリスト教倫理入門』教文館、1997年の第7章、第3節「経済倫理」と第4節「政治倫理」をそのまま掲載した。

なお、5「水平化と実存思想」、6「実存哲学との対決」、7「現代のキリスト教神学」、9「ヨーロッパのニヒリズム」の4つの章はすべて書き下ろしです。なお「談話室」の「カフカとの対話」（『対話の構造』玉川大学出版部、1985年11–23頁の抜粋）以外はすべて書き下ろしです。

＊　＊　＊

これまでわたしは、以前に書いた諸著作と未刊行の多くの草稿を使って、ヨーロッパの『キリスト教思想史の諸時代』を叙述してきました。それはすべて思想史の主流を考察したものでした。第1巻の序文で述べたように思想史の主流に「人間学の宝庫」を見いだし、叙述しました。そこには必ずや「黄金の流れ」（エラスムス）が見いだされると思われました。ところが主流の他にも多数の小川があって、源流・分流・細流・深海流などの流れが一緒になって流れています。それについては紙幅の都合もあって言及できなかったことが残念でした。ところが実はそこにも多くの「小粒の金」とも言うべき宝が埋蔵されています。その宝物はキリスト教思想史のなかで(1) **物語と伝記**、(2) **命題集**、(3) **キリスト神秘主義**、(4) **愛の物語集**、(5) **試練と信仰**、(6) **霊性の輝きとして連綿と続いていますが、その多くは今日まで隠されたままなのです。そこでわたしはこれらの多くの断片に少しだけ解説を付けて編集してみることにしました。こうして『**キリスト教思想史の例話集**』（全6巻：近日編集刊行予定、ヨベル）の構想が完成しましたが、これにはルネサンス時代のペトラルカが編集した『範例集』（全4巻）が先行しております。その前には15世紀に説教の『例話集』や『ローマ人の物語』などが出版されています。これに倣ってそれらとは別にわたしも**範例集**（「例話集」）を編集しました。

こうして歴史に埋もれてたものを「**例話集**」として編集しますと、皆様が何かお話しするとき役立つと思います。講義や説教のなかで「例えば」と言ってわかりやすく説明するとき、それはとても重宝です。ドイツ語では「例えば」(zum Beispiel)というのは「その傍らで戯れている」という意味で、何らかのテーマをわかりやすく説明するためにその周辺に踊っている断片を意味します。わたしも長いあいだ教師として話したり書いたりするときに、この例話を頻繁に使用してきました。したがって例話集は必ずや何かのお役に立つと思います。

2023年2月　レントを前にして

金子晴勇

金子晴勇（かねこ・はるお）
1932 年静岡生まれ。1962 年京都大学大学院博士課程中退。67 年立教大学助教授、75 年『ルターの人間学』で京大文学博士、76 年同書で日本学士院賞受賞。82 年岡山大学教授、1990 年静岡大学教授、1995 年聖学院大学客員教授。2010 年退官。

主な著書:『ルターの人間学』(1975)、『アウグスティヌスの人間学』(1982)、『宗教改革の精神』(2001)、『ヨーロッパ人間学の歴史』(2008)、『エラスムスの人間学』(2011)、『アウグスティヌスの知恵』(2012)、『キリスト教人間学』(2020)、**『わたしたちの信仰——その育成をめざして』**(2020)、**『キリスト教思想史の諸時代 I 〜VI』**(2020 〜 2022)、『ヨーロッパ思想史——理性と信仰のダイナミズム』(2021)**『東西の霊性思想——キリスト教と日本仏教との対話』**(2021)、『現代の哲学的人間学』(2022)、『「自由」の思想史』(2022) ほか多数。

主な訳書:アウグスティヌス著作集 第 9 巻 (1979)、ルター『生と死の講話』(2007)、ルター『神学討論集』(2010)、エラスムス『格言選集』(2015)、C. N. コックレン『キリスト教と古典文化』(2018)、エラスムス『対話集』(2019)、グレトゥイゼン『哲学的人間学』(共訳 2021) ほか多数。

ヨベル新書 084

キリスト教思想史の諸時代 VII

現代思想との対決

2023 年 3 月 15 日 初版発行

著　者 —— 金子晴勇

発行者 —— 安田正人

発行所 —— 株式会社ヨベル　YOBEL, Inc.

〒 113-0033 東京都文京区本郷 4-1-1-5F

TEL03-3818-4851　FAX03-3818-4858

e-mail：info@yobel. co. jp

印刷 —— 中央精版印刷株式会社

装幀 —— ロゴスデザイン：長尾 優

配給元—日本キリスト教書販売株式会社（日キ販）

〒 162 - 0814　東京都新宿区新小川町 9 -1

振替 00130-3-60976　Tel 03-3260-5670

　ISBN978-4-909871-38-1 C0216

【書評再録・本のひろば　２０２３年１月号】

宗教改革と近代を貫くヨーロッパ精神の地下水脈

金子晴勇　キリスト教思想史の諸時代 Ⅵ
——宗教改革と近代思想

新書判・272頁
1,320円（税込）

評者：佐藤真一氏

近代ヨーロッパは啓蒙主義とともに始まる。このように捉えたのはトレルチの洞察であった（「啓蒙主義」１８９７年）。啓蒙主義は、ヨーロッパの生活全般に大きな変化をもたらしたばかりでなく、超自然主義を排除することによって伝統的な哲学、歴史学そして神学に変容を迫った。こうした指摘は、宗教改革と近代との間には溝が存在するという理解を前提としている。

著書『ルターの人間学』（１９７５年）以来ヨーロッパ思想史の緻密な原典研究と取り組んでこられた金子晴勇氏が、こうした問題意識を共有するとともに、神秘主義の伝統の中で培われた

「霊性」思想に着目することによって宗教改革から十九世紀に至るドイツ思想史に新鮮な光を投げかけていることに、本書の大きな意義がある。

本書の問題関心を印象的に示しているのは、ブリューゲルの名画「バベルの塔」（カバーと本文扉参照）についての一節である。「この塔は上部が欠けた円錐形で描かれているが、実は欠けているところが『霊』に相当し。その下部が魂と身体になっている。霊の部分の損傷は激しくその痕跡がわずかに残っている」（70頁）。ここに著者は、近代に顕著となる超越的なものへの眼差しの喪失を見る。すなわち啓蒙主義の合理主義が理性の自律化を招き、ヨーロッパ的霊性を追放し精神の深みを失ったとするのである。

著者によれば、ルターはエラスムスやカルヴァンとともに、「霊（spiritus）・魂（anima）・身体（corpus）」というキリスト教の人間観をあらわす三分法（Iテサロニケ5章23節）に依りながら、霊性を重視する。ルターの信仰義認論の背景には、概念的に把握するのは困難であるにしてもこうした霊性が豊かに見出される。そこには、「魂の根底」について語ったエックハルトやタウラーからルターが継承した中世ヨーロッパの神秘主義が息づいている。

この「霊性」思想は、宗教改革と近代の間に存在する溝にもかかわらず、17世紀後半に普及し18世紀に全盛期を迎える啓蒙主義のもとでも、地下水脈のように受け継がれている、と著者は指摘する。ライプニッツは宗教改革と啓蒙主義の対立を克服しようと試み、『神義論』で懐疑的なピエール・ベールを論駁する。ドイツ敬虔主義においてはルターの伝統に立つ霊性が継承された。その指導者の一人フランケは、学問と信仰との葛藤を経験しつつも、シュペーナーの感化を受け、啓蒙主義との対決の中で霊性を養ってゆく。つづくツィンツェンドルフは啓蒙主義の影響を深く受けながらも、敬虔主義の代表的な担い手として神秘主義の伝統を堅持した。ヘルンフート兄弟団の設立はその活動の実りであった。シュライアマッハーは敬虔主義に養われ、超越者に対する感情である「心情」（ドイツ神秘主義に通底する「根底」と同義）を重んじ、『宗教論』（1799年）で啓蒙主義の宗教蔑視を批判した。

こうして、啓蒙思想の支配的な潮流の中にあっても、ルターに示された注目すべきヨーロッパ精神の伝統が脈々と流れていたことを、著者は浮き彫りにしているのである。

そしてこうした学問的な考察の背後に、現代の精神状況に対する碩学の瑞々しい問いかけをわれわれは聴き取ることができる。本書が広く読まれることを願っている。

（さとう・しんいち＝国立音楽大学名誉教授）

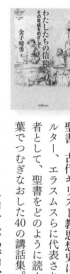

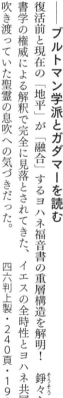

ヨベルの既刊書（税込）　お求めは https://yobel.co.jp まで

南山大学／大学院非常勤講師

大庭貴宣　エイレナイオスの聖霊神学　2世紀に解き明かされた三位一体と神化

人は、神との類似性を回復し、神化を辿ってまったき存在となる！父なる神、御子、聖霊、それぞれの位相と相互の働きについて考察し、三位一体の神が人とどのように関わってくるのか――を論ずる。異端反駁《はんばく》の苛烈な論戦を張りつつ涵養《かんよう》されていったエイレナイオスの聖霊神学、その全貌を解明する！A5判変型・288頁・2530円

ISBN978-4-909871-65-7

桃山学院大学名誉教授

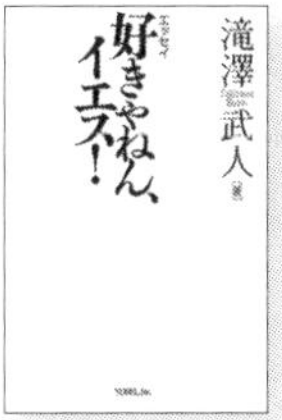

滝澤武人　エッセイ好きやねん、イエス！

イエスって、……・実は、笑いと毒舌の天才！・実は、めったなことで祈らない！・飲めや歌えの席で主役に！教会やキリスト教からどうしてもはみ出してしまう……そんなアナタとワタシの隠れ信心を激しく肯定してくれるイエス研究者、タキザワブジンの、笑いに満ちかつ大真面目なイエス探求の書。四六判・288頁・1980円

ISBN978-4-909871-76-3

日本基督教団小高伝道所牧師

飯島 信編著　いのちの言葉を交わすとき　「青年の夕べ」感話集

友を信じるから、ありのままの私を、嘘のない思いを、そっと差し出せる。説教でもなく、証しでもなく、講演、研究発表、報告会でもない。聴きたかったのはありのままの声、あるがままの生。東京西部にある教会に集った青年たちが、その「生」の現場から信仰者としての自身の〈リアル〉を語り、友らによって丁寧に傾聴された、貴重な記録。

在庫僅少　四六判・204頁・1540円

ISBN978-4-909871-62-6

わたしはヨーロッパ思想史を研究しているうちに、そこには人間の自己理解の軌跡がつねにあって、豊かな成果が宝の山のように、つまり宝庫として残されていることに気づいた。その結果、思想史と人間学を結びつけて、人間特有の学問としての人間学を探究しはじめた。……歴史はこの助走路である。……人間が自己自身を反省する「人間の自覚史」も同様に人間学を考察する上で不可欠であって、哲学・道徳・宗教・文芸において豊かな宝の山となっている。わたしは哲学のみならず、宗教や文芸の中から宝物を探し出したい。（本書より）

各巻・新書判・平均272頁・1320円

岡山大学名誉教授

金子晴勇　キリスト教思想史の諸時代 ［全7巻別巻2］

- Ⅰ　ヨーロッパ精神の源流［重版出来！ 既刊］
- Ⅱ　アウグスティヌスの思想世界［既刊］
- Ⅲ　ヨーロッパ中世の思想家たち［既刊］
- Ⅳ　エラスムスの教養世界［既刊］
- Ⅴ　ルターの思索［既刊］
- Ⅵ　宗教改革と近代思想［既刊］
- Ⅶ　現代思想との対決［新刊　第7回配本］
- 別巻1　アウグスティヌスの霊性思想［第8回配本］
- 別巻2　アウグスティヌス『三位一体論』の研究［第9回配本］

ISBN978-4-909871-27-5

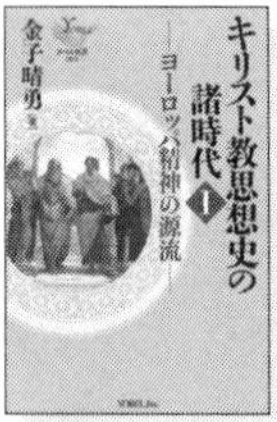

ISBN978-4-909871-33-6

ISBN978-4-909871-34-3

ISBN978-4-909871-35-0

ISBN978-4-909871-36-7

ISBN978-4-909871-37-4

ISBN978-4-909871-38-1

反響！
本巻全7巻完結